校园篮球文化建设与运动教学研究

张 翼 ◎ 著

中国书籍出版社
China Book Press

图书在版编目（CIP）数据

校园篮球文化建设与运动教学研究 / 张翼著 .
北京 : 中国书籍出版社 , 2024.9.
ISBN 978-7-5241-0079-9

Ⅰ . G841

中国国家版本馆 CIP 数据核字第 202414K1Q9 号

校园篮球文化建设与运动教学研究

张　翼　著

图书策划	成晓春
责任编辑	杨铠瑞
封面设计	博健文化
责任印制	孙马飞　马　芝
出版发行	中国书籍出版社
地　　址	北京市丰台区三路居路 97 号（邮编：100073）
电　　话	（010）52257143（总编室）　（010）52257140（发行部）
电子邮箱	eo@chinabp.com.cn
经　　销	全国新华书店
印　　刷	天津和萱印刷有限公司
开　　本	710 毫米 ×1000 毫米　1/16
字　　数	220 千字
印　　张	11
版　　次	2025 年 1 月第 1 版
印　　次	2025 年 1 月第 1 次印刷
书　　号	ISBN 978-7-5241-0079-9
定　　价	72.00 元

版权所有　翻印必究

前　言

篮球运动具有悠久的发展历史。1891年，美式橄榄球教练詹姆斯·奈史密斯发明了篮球运动，之后篮球运动便成为一项集体性活动，它集中反映了人们的精神文化需求，是世界文明的重要体现。

篮球运动是一项以篮球为竞赛工具，在特定的规则条件下，比赛双方队员将球投入对方篮筐，以所得分数为评判输赢标准的集体球类运动项目。当前，篮球运动加入了很多新的元素和打法，如"三对三斗牛""一对一路人王"等；篮球运动也形成了属于自己的独特文化，能给人激励和鼓舞，使人们受到启迪。

现代篮球运动不仅是一项体育活动、文化活动，还是一项集现代体育、教育、科技于一体的竞技活动，是一门交叉性学科。

随着素质教育理念的提出与深入贯彻，篮球运动逐渐成为我国校园体育教育的重要内容。对于学校来说，校园篮球文化是学校文化的一个重要组成部分，在培养学生的过程中发挥着重要作用。篮球运动不仅有助于提升学生的综合素质，还对学生的行为规范、人生观、价值观的形成和发展有重要影响。篮球运动的文化功能和教学作用已经越来越明显，校园篮球文化的建设情况和篮球教学的实际效果得到越来越多的关注。

此外，篮球运动具有极高的竞技、健身、娱乐和欣赏价值。对于学生来说，参加篮球活动能在奔跑、跳跃的过程中发展力量、速度、耐力和灵敏等素质；能在复杂多变的赛场上提高分析能力和应变能力；能在激烈对抗的环境中磨炼意志、发展个性；能在相互配合的过程中培养团队精神和集体主义精神；能在观赏比赛的过程中培养审美情趣、丰富课余文化生活，这对于推动学生身心素质的发展和健康水平的提高有着重要的作用。为此，学校篮球教学工作者需要积极开展篮球运动教学工作。

本书全面深入地探讨了校园篮球运动的相关内容，追溯了篮球运动的起源和发展历程，特别分析了篮球运动在我国校园中的普及现状，为理解其在教育体系中的重要性奠定了基础。本书还探讨了篮球文化与校园文化的互动关系及其在校园中的传播，分析了篮球文化的概念、结构、特点，并讨论了其对校园文化的贡献；针对当前校园篮球文化建设的挑战，提出了建设的必要性，并分析了问题成因，进而提出了一系列建设原则与对策，旨在促进篮球文化的健康发展；系统地分析了校园篮球运动教学的现状、问题、任务、目标、实施过程及方法，并对课程开发与建设要求进行了详细阐述；对篮球运动规则、技术与战术的教学进行了深入探讨；介绍了校园篮球运动中体能训练和心理训练的教学方法，强调了这些训练在提升运动员综合素质中的作用。

  本书适用于篮球教育工作者、教练、运动员以及所有对篮球运动及其文化感兴趣的读者。我们期望通过这些内容的整合，为推动校园篮球运动的发展和篮球文化的繁荣作出贡献。

  在撰写本书的过程中，笔者参考了大量的学术文献，得到了许多专家、学者的帮助，在此表示真诚感谢。本书内容系统全面，论述条理清晰、深入浅出，但由于笔者水平有限，书中难免有疏漏之处，希望广大同行及时指正。

张 翼

2023 年 7 月

目 录

第一章 校园篮球运动的发展 ············· 1
  第一节 篮球运动的起源与发展简述 ············· 1
  第二节 篮球运动走进我国校园 ············· 9
  第三节 我国校园篮球运动发展现状分析 ············· 12

第二章 校园篮球运动中的文化 ············· 18
  第一节 篮球文化的概念、结构与特点 ············· 18
  第二节 篮球文化与校园文化之间关系的特点 ············· 29
  第三节 校园篮球文化的基础认知 ············· 32

第三章 对校园篮球文化建设的思考 ············· 38
  第一节 校园篮球文化建设的必要性 ············· 38
  第二节 校园篮球文化建设的问题成因 ············· 40
  第三节 校园篮球文化建设的原则与对策 ············· 41

第四章 校园篮球运动教学的理论框架 ············· 47
  第一节 校园篮球运动教学的现状与存在问题分析 ············· 47
  第二节 校园篮球运动教学的基本任务与目标导向 ············· 55
  第三节 校园篮球运动教学的实施过程与原则方法 ············· 63
  第四节 校园篮球运动教学的课程开发与建设要求 ············· 85

第五章　校园篮球运动规则与技战术教学··97
　　第一节　校园篮球运动规则及一般常识教学······························97
　　第二节　校园篮球运动技术理论与训练教学····························106
　　第三节　校园篮球运动战术理论与训练教学····························127

第六章　校园篮球运动体能与心理训练教学································144
　　第一节　校园篮球运动体能训练教学··144
　　第二节　校园篮球运动心理训练教学··156

参考文献··165

后　　记··168

第一章 校园篮球运动的发展

如今，篮球运动已成为学校体育教学的重要内容。学校开展篮球运动的根本目的在于提高广大学生的身体健康水平，使学生的课余生活更加丰富。近些年来，随着篮球运动在校园的不断推广，校园篮球运动已经得到了很大程度的发展。目前，篮球运动不仅是学校体育课的重要教学内容，还是学校各种球类运动俱乐部的重要项目，更是学生运动比赛的重要竞技项目。因此，篮球运动在校园中具有了更有利的发展条件。只有先对篮球运动的发展以及我国校园篮球运动的发展概况有一个基本的了解，才能更好地进行校园篮球文化建设与技战术教学。本章为校园篮球运动的发展，主要就篮球运动的起源与发展简述、篮球运动走进我国校园、我国校园篮球运动发展现状分析这三个方面展开论述。

第一节 篮球运动的起源与发展简述

篮球运动是一项受大众欢迎的团体活动，它包括空中对抗和地面对抗，是一种需要运动参与者拥有全面身体素质的运动项目。现代篮球运动已经成为一项国际性竞技体育项目，融合了科技、教育和技艺，在愉悦身心、增强体质和培养品质等方面起到重要作用。下面对篮球运动的起源与发展进行简述。

一、篮球运动的起源

篮球运动起源于美国，它是由美国马萨诸塞州的斯普林菲尔德（又称麻省春田市）基督教青年会训练学校（后为春田学院）的体育教师詹姆斯·奈史密斯（图1-1-1）在1891年发明的。

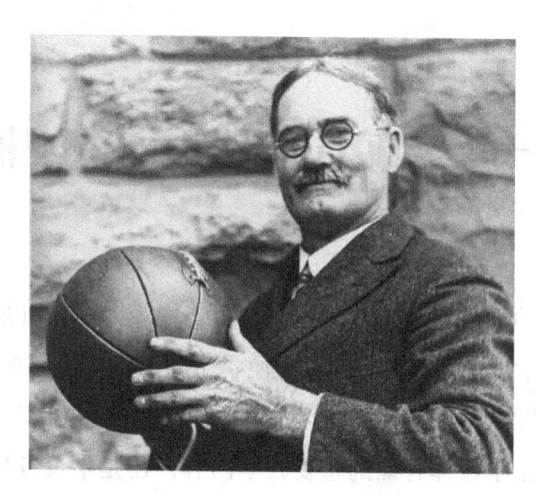

图1-1-1　詹姆斯·奈史密斯

麻省的冬天很早就开始了，十一月就开始下雪，非常寒冷。每年一到这个时候室外运动就不得不停止，而当时的室内运动只有体操与器械操，学生大多觉得这些运动枯燥并逐渐厌烦。鉴于这种情况，有一天，这所学校体育系主任卢瑟·哈尔西·古利克找到了奈史密斯，想请他设计一项室内的体育游戏，以解决学生冬季进行体育活动的问题。

两个星期过去了，奈史密斯先后试用了橄榄球、足球、长柄曲棍球等，但都失败了，因为当时的室内场地条件有限，这些项目在室内不仅无法展开，而且经常打碎门窗玻璃并造成学生受伤。正当他苦苦思考没有结果时，一种当地工人和儿童用球向"桃子筐"做投掷的游戏给了他启发（当地盛产桃子，各家各户都备有桃子筐）。在"桃子筐"投准游戏的启发下，他又联想起自己小时候玩的一种"石头上的鸭子"击打目标的游戏。于是在奈史密斯的大脑里，这个新的体育游戏项目开始有了它的雏形。

在进一步分析各种球类项目之后，他提出了创新这一运动项目的基本特点。第一，使用大而轻并且可用手控制的圆球，便于众多人掌握。第二，投射目标在上空，篮筐与地面平行，使球投中目标的决定因素不是力量，而是准确性。第三，比赛中不准持球跑；比赛过程中不限制队员获得球。第四，新的竞技运动是文明的，避免粗野动作和发生身体接触。第五，不受气候和季节变化的影响。

第一次试验性的比赛是1891年12月21日在基督教青年会训练学校的体育馆进行的，奈史密斯博士将两只桃筐分别钉在体育馆两端看台的栏杆上，桃筐上沿离地面约 3.05 米（10 英尺），相当于现代篮筐的高度，选用英式足球向桃筐内投掷，球投到篮内得 1 分，以得分多少决定胜负。尝试这个活动的是奈史密斯任教的秘书班学生。全班共 18 人，分成两队，每队 9 人，分别以横排站在桃筐所在的两端线外。比赛开始，奈史密斯把球抛向场地中间，随后双方队员跑向场中抢球，展开了争夺。比赛中争抢得非常激烈，学生情绪很高。奈史密斯也不停吹着哨子纠正不合规则的动作，同时不停地叫道"传球！传球"。他还请来两名校工，搬了两张梯子在下边待命，以便投球中篮后上去取球。可惜两队直到最后才投进一球，比赛结果是 1 比 0。尽管如此，学生依然玩得兴高采烈、浑身大汗，一个个精神焕发，恢复了应有的活力。由于这种游戏争夺激烈、趣味性强、容易掌握，因此，受到了学生的喜爱，并很快在全美国流传开来。

过了几天，有个学生来问奈史密斯："这个运动叫什么？"奈史密斯一时之间不知如何作答。学生建议说："叫奈史密斯球如何？"奈史密斯认为这样的命名不妥。于是学生又建议说："我们可不可以把它叫作'篮球'？"奈史密斯听了极为赞同地说："我们用了两个篮子（basket）和一个球（ball），篮球（basketball）这个名字很合适。"就这样，一项日后风靡世界的体育运动项目——"篮球"诞生了。

二、篮球运动的发展历程

（一）世界篮球运动的发展历程

世界篮球运动的发展历程大致可分为以下五个阶段。

1. 初试探索期（19 世纪 90 年代至 20 世纪 20 年代）

这一时期，篮球运动表现出以下特点。

①没有明确、细致的游戏规则，没有人数限制、场地设备规模等要求。

②在实践中根据比赛的需要，逐渐增加或改良了一些场地设备、规则等。例如，开始针对场地大小进行规定，篮筐也开始挂于高柱上，对比赛时的动作也进行了规范性的要求，等等。

2. 完善传播期（20 世纪 30 年代至 40 年代）

这一时期，篮球运动传播到世界各地，以其自身的魅力得到各国人们的喜爱。1932 年，国际篮球联合会（简称为"国际篮联"）的前身——国际业余篮球联合会在日内瓦成立。1936年第11届柏林奥运会上，男子篮球被列为正式比赛项目。这一时期的篮球运动具有以下特点。

①初步制定了13条比赛规则，明确了上场参赛的人数和时间，进一步改良了比赛场地并划分了区域，细化了标识线；篮球场地材质、设备进一步完善和规范。

②进攻与防守的专有技术动作逐渐增多；场上开始出现一些有意识的初级战术配合。技战术内容的加入掀起了篮球运动的第一次发展高潮。

3. 普及发展期（20世纪50年代至60年代）

这一时期，篮球运动在全球近百个国家得到了广泛普及，各种规模的篮球竞赛如雨后春笋般诞生。其中以世界篮球锦标赛最为出名，得到了全世界篮球爱好者的关注，这项比赛是世界篮球的最高级别赛事，代表着每个时代的最高篮球水平。篮球运动已经家喻户晓，被所有人熟知。

篮球运动的技战术也在此时期得到了更好的发展，新颖巧妙的战术不断被运用到比赛之中，形成了科学的攻防体系。此外，篮球比赛的场地、设施及规则也得到了进一步完善。

4. 全面提高期（20世纪70年代至80年代）

这一时期，球员的身体素质、滞空高度和攻守速度得到了明显提高，这种特点逐渐将球员的个人高度、技术和队伍整体打法结合在了一起。身体、意识的对抗日益激烈，高强度、高对抗、高速度、高技巧、高智慧、高比分的对抗开始成为篮球运动新时期发展的新趋势。

篮球比赛规则又有过几度修改，增设了进攻方进球后被犯规的追加罚球的规定：第一次罚中即结束罚球，若第一次没有罚中，可有第二次罚球的机会，如果第二罚还不中，则结束罚球。再度调整了球过本方半场和本方进攻的时间（减少了过本方半场的时间），这些规则的改变加快了比赛的攻防转换速度，并且产生了更多与之相配的技战术打法和体系。

在这一时期，女子篮球被列为1976年第21届蒙特利尔奥运会的比赛项目，这掀起了这项运动的第二次发展高潮。篮球运动在全球普及人口增多，篮球竞技方式变化、竞技水平提高。以美国和欧洲各国为代表的国际强队开始增多，世界篮球形成了多强争霸的格局。

20世纪80年代中期,篮球场地增设了远投区,因为在远投区投中的球可以计算3分,所以远投区的边界线也经常被人们称为"三分线"。经常看到的美国职业篮球联赛(NBA)的三分线最远处距离篮筐7.25米,国际篮联的三分线最远处距离篮筐6.75米。

5. 创新发展期(20世纪90年代至今)

20世纪90年代,世界篮球运动进入了一个全新的发展时期。国际奥林匹克委员会(简称为"国际奥委会")取消了禁止职业运动员参加奥运会比赛的禁令,这使得被誉为"梦之队"的、由美国NBA球员组成的美国国家篮球队在第25届巴塞罗那奥运会上大放异彩。他们打出的富有激情的篮球向世界展示了高水平的篮球技艺,博得了人们的眼球,引起了巨大的轰动。世界篮球运动由此走向将智谋化、凶悍化、多变化、职业化、产业化融于一体的方向,从而掀起了此项运动的第三次发展高潮。

在此期间,篮球运动的技术动作不断创新,战术越发复杂,讲求实效,攻防两端的阵型和打法多变。运动员内外攻守区域分位趋向模糊,站位更加灵活,人盯人防守方式更加流行,攻防两端高空球争夺更趋凶悍,对篮板球的争夺更加重视。比赛整体的竞技艺术感增强,更具观赏性。

此外,人们对全场比赛的时间、入场方式和球权细节进行了新的规定。将比赛改为上、下两个半场,每个半场分为2节,每节10分钟;实行三人裁判制:主裁1名,底线裁判2名;改争球制为交替球权制等。

(二)我国篮球运动的发展历程

篮球传入我国的时间大约在1895年,当时最早开展这项运动的是天津。因此,天津也就成了我国篮球运动的发源地。受不同时期政治、经济、文化和教育等各方面因素的影响和制约,我国篮球运动的发展历程大致可以分为以下三个时期。

1. 中华人民共和国成立前的缓慢传播

在中华人民共和国成立前,受历史、环境和经济等方面的制约和影响,我国的篮球运动发展得比较缓慢。经过近10年的推广,篮球逐渐成为20世纪初中小学的主要体育活动,并扩散到社会各个层面。篮球的发展和传播开始逐渐起步,并举办了一系列篮球比赛。

1910年，第1届中华民国全国运动会中，男子篮球比赛被列为表演项目；1914年，第2届中华民国全运会将男子篮球列为正式比赛项目；1924年，第3届中华民国全运会将女子篮球列为正式比赛项目。此后，华北等地区的运动会也将篮球列为正式比赛项目。我国男子篮球队曾参加了10次远东运动会，并在1912年第5届远东运动会上夺得冠军。1936年和1948年，我国还派遣篮球队参加了第11届和第14届奥运会。这些都标志着我国篮球运动的进步。

20世纪20年代初期，我国篮球技战术水平较低，直到20世纪30年代后篮球技术才有了一些进步。在此期间，传球方式增多，包括双手反弹传球、单手勾手传球和单手背后传球；投篮方式也增多了，有单手定位投篮、单手勾手投篮、行进间单手投篮和转身跳起双手腹前投篮；运球技术也有所发展，如变向运球等。篮球战术方面，1927年以后出现了五人分区联防；1930年，在第4届中华民国全运会上，上海队采用了人盯人防守和快攻的自由式打法；1935年以后，"8"字战术开始流行。

1945年抗日战争胜利后，天津、北京、上海以及东北等地区涌现出不少新的篮球队。1948年，我国参加了第14届伦敦奥运会的篮球比赛。本次比赛共有23个国家参加，最终经过激烈角逐，中国队获得第18名。这个成绩虽然不能算是理想，但是对于起步较晚的中国篮球来说，已经让人看到了发展的前景和希望。

中华人民共和国成立后，伴随着我国体育事业的蓬勃发展，群众性篮球运动也得到了进一步的普及与推广，这为我国篮球运动技术水平的迅速提高奠定了坚实的基础。

2. 中华人民共和国成立后的普及

中华人民共和国成立后，篮球运动受到政府和领导的高度重视，在"普及与提高相结合"的方针指引下，篮球运动也在学校、工厂、企业、机关、部队、农村等单位得到了广泛的开展。这些单位都组建了篮球队，有些还在业余时间进行了系统的训练。

20世纪50年代初，中央体训班篮球队在北京成立，这对于我国篮球运动水平的进一步提高具有非常积极的促进作用。苏联国家篮球队在1950年12月访问中国期间，先后到达了北京、天津、上海、南京、广州、武昌、沈阳、哈尔滨等八个城市，进行了共计33场比赛，以促进国际篮球运动的交流。然而，中国篮球队在这次交流中表现不佳，输掉了大部分比赛，表现出整体竞技水平相对滞后的特点。为了改变这一现状，相关管理机构采取了一系列策略，包括加速组建专业队伍、学习先进的经验和打法、更新传统观念限制，以及积极参与国际比赛等。这些努力在短期内取得了显著成效，我国篮球队成功地战胜了多支欧洲强队，并出现一批出色的篮球运动员，如黄柏龄等。随后，各地相继成立了篮球集训队，标志着中国篮球运动迈入了新的发展阶段。

自1955年全国篮球联赛制度开始实行以后，我国篮球运动开始有了不同的训练指导思想，并制定了相对稳定的分级竞赛制度。1956年，我国曾多次召开篮球训练工作会议，明确提出"积极、主动、快速、灵活、准确"的训练方针，从这以后，我国篮球运动开始走上有计划的系统训练，技术水平也得到极大的提高。在以后举行的篮球比赛中，我国篮球运动员都取得了理想的成绩，并且逐渐形成了自己的独特风格。同年，我国成立了中国篮球协会（简称为"中国篮协"）。

1959年，中华人民共和国第1届运动会在北京举办，四川男队和北京女队分别获得男子篮球比赛和女子篮球比赛的冠军。这一时期，我国篮球逐渐发展形成以快攻、跳投和紧逼防守为核心的独特风格。经过多年实践和总结，我们为篮球运动的发展明确了思想建设、理论建设、队伍建设、赛制建设和科学研究等方面的目标和方向。1972年，我国举办了全国五项球类运动会，并在年底召开了篮球、排球和足球三大球类运动的训练工作会议。会议中提出了积极主动、勇猛顽强、快速、灵活、全面、准确的技术风格。1975年，中国篮协在亚洲业余篮球联合会取得了合法席位。次年，国际业余篮球联合会通过决议，承认中国篮球协会是中国唯一合法的篮球组织。1979年，我国实行改革开放政策，篮球界也开始深化改革，加强训练和管理，篮球运动进入最佳发展时期，并在世界和洲际竞赛中取得了突出的成绩。到了20世纪90年代中后期，我国的篮球运动整体发展较慢。

3. 职业化制度改革并最终成型

20世纪90年代中期以后，随着改革开放的逐步深入以及人们思想观念的变化，我国的篮球运动开始进入了市场化的发展道路。在这一时期我国的篮球运动得到了迅速的发展，加快了与国际篮球运动水平接轨的步伐。

1995年，在国家体育运动委员会（现为"国家体育总局"）的指导下，我国篮球运动积极稳妥地进行改革，抓住了外商注资的机会，与外资集团合作。1996年，我国举办了男子职业篮球联赛，但这个联赛开始后不久就暂停了。

随后，中国篮协决定再次对联赛竞赛制度进行改革，以全国男篮甲级联赛的改革为基础，全面加速篮球竞赛体制改革的进程。1997年，国家体育运动委员会（现为"国家体育总局"）成立了篮球运动管理中心，这是篮球运动管理体制改革的重要一步。之后，传统的全国甲级联赛改成了中国男子篮球职业联赛（CBA），简称为"中职篮"。经过多年的努力，中国篮球事业焕发出新的生机和活力，摆脱了初始阶段的困境，展现出更广阔光明的发展趋势。

CBA的成立吸引了各个年龄段的篮球爱好者和社会的关注，特别是在球队实力接近、比赛悬念丛生的2000—2001赛季中，"小巨人"姚明、"追风少年"王治郅、"战神"刘玉栋和"虎王"孙军等人的出色表现，有效地提高了中国篮球联赛和中国篮球在世界上的影响力。

21世纪，我国篮球运动的产业化发展步伐进一步加快，进入了新的发展阶段。

三、篮球运动发展趋势

（一）职业化和产业化

职业篮球比赛因其高速的攻防转换、多回合的华丽进攻和强硬的身体碰撞而受到观众的喜爱，从而获得了一定的经济效益。随着时间的推移和篮球运动技术水平的提高，篮球运动不仅加速了职业化进程，还成为一种新兴产业，推动着经济社会的发展。职业篮球竞赛的规则、制度和方法不断变革，同时结合对自身的积极推广，给篮球运动和社会带来了经济和文化效益，不断推动篮球运动职业化进程和社会经济的发展。

（二）学校篮球运动蓬勃发展

篮球运动进校园是当今一个重要话题，篮球运动本身对青少年的功能和作用逐渐被重视，传统应试教育思想逐渐被素质发展教育思想取代，体育部门、教育部门、学校领导以及学生家长都对篮球运动在学生体质健康方面起到的作用具有不同程度、不同角度的认识，再加上媒体的宣传和学生自身对篮球的喜爱，篮球运动很快在学校中迅速普及。随着中国大学生篮球联赛（CUBA）的成功举办，很多高中生都有一个想进入大学打 CUBA 的梦想。篮球传播的不仅是篮球文化，还是一种积极向上、勇敢拼搏的正能量，未来将培养出更多优秀的篮球运动人才。

（三）大众篮球运动进一步普及

篮球运动具有健身性和趣味性的特点，它已经成为全世界人民运动和社交的重要工具。在我国，很多小区里都拥有篮球场地，很多公园也设有篮球场地，这充分说明篮球运动已经走入人们的日常生活之中。如今，传统的健身器材已经不能满足人们对于锻炼的需要，篮球运动已成为人们锻炼的重要选择。

（四）篮球运动理论和实践以科技化为导向

传统的篮球理念、篮球理论、技术和战术以及训练手段的新变化，是在现代科技对篮球运动渗透的基础上产生的。每年都有大批学者、专家等对篮球运动进行研究讨论，力求在理论方面有进一步的创新发展。随着新观点、新构想的提出，实验团队使用科学仪器进行评估和验证，改善原有的技术动作，传播新的科学训练方法，完善原有的竞赛制度及规则，最终为提高篮球运动技术水平服务。科技化从理论实践创新和人才培养两方面入手，促进篮球运动不断发展。

第二节　篮球运动走进我国校园

校园篮球在中国篮球运动的传播、普及、发展和繁荣中扮演关键角色。经过百年的演进，篮球已成为中国学生最喜爱的运动之一。校园篮球的目标是为青少年提供更多运动机会，激发他们对篮球的兴趣，培养竞技篮球人才，建立体教融合制度，发挥体育在教育中的重要作用。

本节将就篮球运动走进我国校园的渊源与发展历程进行简要概述。

一、篮球运动走进我国校园的渊源

现代篮球运动是通过校园活动传入我国的。

1895 年，美国基督教青年会第一任总干事来会理将篮球传入我国天津。1895 年 12 月 8 日，在天津基督教青年会进行了我国第一次篮球游戏表演，此后篮球运动逐步由天津市向北京、保定等华北地区，上海、南京、苏州、杭州等华东地区，广州、香港等华南地区和武汉等华中地区，以及内地的其他省市的青年会组织、教会学校传播并逐步推向社会。

篮球运动传入我国天津以后，就迅速地在学校发展起来，天津新学书院班班有篮球队，该校还于1926年代表天津取得了华北的冠军。北京通州潞河中学、北京汇文中学和北京育英学校等学校的篮球运动也蓬勃开展起来，我国老一代的篮球名将牟作云、张兆基、许忠等人就出自北京育英学校，他们代表国家队取得了辉煌的成绩。

上海昌世中学、杭州的惠兰中学（现已合并为"杭州市第二中学"）、广州市培正中学和广州市培英中学等学校也为我国培养了大量的篮球人才。上海沪江大学（现为"上海理工大学"）、圣约翰大学（现已被其他学校合并）也培养了许多国字号的篮球名将，如陆钟恩等。天津的南开大学篮球队在1928年获得华北区篮球赛冠军，应邀赴上海，连胜华东区篮球冠军沪江大学队等三支著名篮球队；1930年获天津万国篮球赛冠军，同年代表天津参加第4届中华民国全运会获篮球冠军，并代表中国参加第9届远东运动会。南开篮球队威震远东，"南开五虎"名扬神州大地。

在中国，篮球运动最初传入后并未得到政府的重视和有组织的推广，长期处于被动地位。然而，由于篮球的趣味性和健身效果，许多青少年学生开始迅速喜爱这项运动。经过近十年的广泛传播，篮球逐渐成为20世纪初学校主要的体育活动，并开始在社会中流行起来。

二、我国校园篮球运动的发展历程

1952年，中华全国体育总会成立，我国篮球运动进入了空前的普及、发展和提高时期。经过十几年的实践，逐步形成了群众篮球活动、学校篮球活动、篮球竞赛与篮球理论研究为一体的中国篮球运动体系。

为了加速我国篮球运动技术水平的提高，我国体育管理部门采取措施加速组建专业队伍。20世纪50年代初，在北京成立了中央体训班篮球队，不久各大地区都组建了篮球集训队，学习先进经验、先进打法，并积极参加国际比赛，短期内就获得显著成效，篮球运动进入了新的发展时期。1955年举行全国篮球联赛以后，我国开始建立相对稳定的分级竞赛制度。

1957 年，上海体育学院（现已更名为"上海体育大学"）举办篮球研究生班，聘请苏联专家拉古那维丘斯主讲。1958 年，我国退出国际奥委会和国际业余篮球联合会（现为"国际篮球联合会"，简称"国际篮联"），减少了参加国际大赛的机会，但国内竞赛活动仍十分活跃，加强了与社会主义阵营国家的交往，并战胜了不少欧洲球队。

1961 年，中华人民共和国第一部体育院系通用篮球教材出版。国家体委在总结我国篮球运动发展历程和世界篮球运动发展现状的基础上，从实际出发，召开了多次篮球训练工作会议，专门研究了篮球运动的训练指导思想，使我国篮球运动发展在思想建设、队伍建设、理论建设、赛制建设等方面有明确的发展方向。

1972 年 12 月，全国篮球训练工作会议进行了经验总结，把握篮球运动规律和发展趋势，从中国实际出发，确定了"积极主动""勇猛顽强""快速灵活""全面准确"的篮球运动训练指导思想，以及"三从一大"的科学训练原则，篮球运动得到了迅速发展。

随着竞技篮球的发展，校园篮球运动也得到了蓬勃的发展。1998 年，中国大学生体育协会在企业资助下组织了中国大学生篮球联赛，对活跃高等学校校园文化生活、在学生中普及篮球运动起到了积极推动作用。

自 2018 年起，中国篮协先后成立了青少年教育发展专业委员会等十大委员会，其主要任务是与教育部对接、发展校园篮球、推广小篮球联赛、鼓励开设社会篮球训练营等。中国篮协实体化改革契机给校园篮球的推广创造了更多机遇和平台，对新时代我国校园篮球发展及竞技篮球后备人才培养具有重要现实意义。

在政策措施方面，教育部自 2016 年起计划在全国范围内成立 1 万所篮球特色试点学校，帮助 1000 万名青少年在校园篮球活动中成长和进步。科学利用教育资源成立篮球特色学校既能体现教育部和国家体育总局的深度融合，又可以扩大篮球后备人才的培养规模。在教育部和国家体育总局等多方单位合作下，山东体育学院、北京体育大学、上海体育大学等先后成立了国家篮球学院、中国篮球运动学院、中国篮球协会篮球学院等，合理利用现有资源实现篮球运动的"产、学、研、用"。北京针对校园篮球、足球等运动项目创新改革，打造"一校一品"的教学课程模式，要求每个学校建立一个最具特色的体育项目作为全体学生学习的主项，并以此协同带动其他运动项目的普及和发展。

在参与人数方面，根据中国篮协官方统计显示，2018年我国小篮球运动注册人数超10万人，充分体现出小篮球运动在青少年体育活动中的强大吸引力和生命活力，为新时代我国校园篮球发展创造了良好的契机。2019年7月，CBA选秀大会共有7名大学生被球队俱乐部选中，创历年大学生球员选秀人数之最，反映出CUBA联赛逐渐成为CBA联赛后备人才的重要输送平台。

在场地设施方面，教育部联合中国篮协针对篮球型号、篮筐高度、场地尺寸等配套设备设施，联合制定了《小篮球场地建设与器材配备规范》（JY/T 0627—2020），以锻炼身体、塑造性格、磨炼意志等主要目标，从而实现以篮球为主的中国特色"三大球"复兴道路。在赛事发展方面：中国大学生体育协会与中国篮协签署战略合作备忘录，隶属于教育部的CUBA联赛与中国篮协正式达成战略合作关系。自2017至2018赛季开始，众多大学生球员受邀参加CBA联赛扣篮赛、三分赛等，充分体现出校园篮球和职业篮球深入合作的巨大突破，实现了真正意义上的"体教结合"。

第三节 我国校园篮球运动发展现状分析

篮球运动集运动性与娱乐性于一身，在我国具有很好的群众基础，吸引了广大民众参与其中并受到了他们的喜爱与关注。近年来，随着我国校园体育的不断改革，以及篮球运动的不断发展，校园篮球在我国逐渐发展起来。就目前的发展现状来看，我国的校园篮球主要分为中小学校园篮球和大学校园篮球。

一、我国中小学校园篮球发展现状

随着近几年国家和社会对青少年体育以及学生体质的关注，校园体育得到了一定的发展，特别是三大球类项目得到了前所未有的发展。在中国特色社会主义建设进入新时代的重要历史战略节点，"三大球"振兴发展成为推动体育强国建设的基础性工程[1]，以学校体育为依托的校园"三大球"项目建设成为深化体教改革的重要内容和方向。

---

[1] 鲍明晓，赵轶龙，赵承磊."十四五"我国"三大球"振兴发展战略[J].北京体育大学学报，2020，43（6）：1-9.

《关于深化体教融合 促进青少年健康发展的意见》(以下简称《意见》)明确指出要加强学校体育工作,推动校园篮球、足球、排球等项目发展,完善青少年体育赛事体系,鼓励中小学建立篮球、足球、排球等项目的学校代表队,为学校体育建设和竞技体育后备人才培养融合发展提供了新思路。《关于进一步减轻义务教育阶段学生作业负担和校外培训负担的意见》(以下简称"双减"政策),指出要全面减轻学生作业负担,提高学生课后服务水平,全面规范校外培训行为。

《意见》和"双减"政策一经颁布,迅速成为学校、家庭和社会关注的焦点,共同形成促进青少年身心健康发展的新合力。在《意见》和"双减"政策落地实施后,校园篮球发展迎来了新机遇,但同时也面临诸多困境。

(一)发展机遇

目前,在我国大部分省市,中小学校园篮球的开展以体育课中的篮球课为主。体育教师通过教授学生一定的篮球运动技能,使学生学会篮球基本知识,掌握一定的篮球技术和战术;学生则利用课余时间参加篮球比赛和活动,促进了篮球运动在校园的普及和发展。

"双减"政策颁布后,我国各地区积极开展课后延时服务,并出台各类相关文件来规范课后体育服务内容。

《关于提升学校体育课后服务水平 促进中小学生健康成长的通知》明确提出课后体育服务应设置篮球、足球等项目,并对其课程进行科学规划。从校园篮球发展的角度来看,课后体育服务为校园篮球发展提供了新空间。第一,在班级、年级或校代表队之间组织以训练和竞赛内容为主的篮球活动,可使学生在常规篮球课堂中学到的内容得到巩固与延伸。第二,推动学校选拔有竞技潜力的学生向"精英队"转化,有利于开展基层运动员选材工作。第三,为校园篮球竞赛体系的建设拓展新的空间,有利于实现学校体育课程"教会、勤练、常赛"的要求。

《义务教育体育与健康课程标准(2022年版)》(简称"新课标")明确提出要坚持"健康第一"的教育理念,围绕培养学生运动能力、健康行为、体育品德等核心素养对不同阶段学生的篮球课程提出了新的内容要求,主要对篮球基础知识与基本技能、技战术运用、体能、展示或比赛、规则与裁判方法、观赏与评价六个方面的内容进行了明确规范。"新课标"无疑对篮球课程内容的设计提供了新的标准,使校园篮球课程更加科学化、规范化。

体教融合是新时代促进青少年体育锻炼和文化学习协调发展的重要战略举措，青少年体育竞赛体系建设是推进体教融合的一个重要的核心节点[①]。《意见》中明确提出了要加强学校体育工作，完善青少年体育竞赛体系。教育、体育部门要整合各级各类青少年体育赛事，统一注册资格，以篮球、足球、排球等项目为引领，建立分学段、跨区域的青少年体育赛事体系。

《关于做好课外体育培训行业服务监管工作的通知》明确提出体育行政部门要与教育行政部门共同遴选符合条件的青少年体育俱乐部，为中小学提供课外体育培训服务。据国家统计局统计，2020年我国体育教育与培训行业产出规模为2023亿元，其中，篮球培训是体育教育与培训行业的主要力量。

2021年中国篮协颁布的《中国篮球运动发展报告》（以下简称"报告"）指出，篮球运动认可度居"三大球"之首，全国青少年篮球培训市场规模在千亿元左右；在6～17岁青少年中，有9.6%以参与篮球运动项目为主，有13.9%参与过篮球运动[②]。

根据《中国统计年鉴2021》对中国各年龄阶段人口数量的统计，我国6～17岁青少年共约2.03亿人。因此，可以推算出在6～17岁青少年中，以参与篮球运动项目为主的人数大约为1949万，参与过篮球运动的人数约为2822万。此外，"报告"数据显示，约有3.6%的家庭在篮球培训方面有所支出，78.7%的公众愿意子女成为篮球特长生，超过七成的青少年认为校园篮球是提高篮球技能的重要渠道。在拥有如此巨大青少年篮球市场规模的背景下，将社会青少年篮球俱乐部作为校园篮球外延发展主体，有利于形成教育系统和社会系统联合培养青少年篮球人才的局面。

（二）发展困境

校园篮球的实施计划在我国刚刚起步，虽然已经取得了较大的进步，但仍然存在一定的问题，主要表现如下。

1. 部分地区缺乏篮球专业教师

我国部分中小学在篮球师资上是缺乏的。据教育部统计，全国中小学体育教

[①] 钟秉枢.体教融合背景下青少年体育赛事体系完善的路径研究[J].体育学研究，2020，34（5）：13-20.

[②] 中华人民共和国教育部发展规划司.中国教育统计年鉴.2018[M].北京：中国统计出版社，2019.

师数量存在缺口。这主要是由于体育教师入编、入职门槛较高，尤其是对于退役的高水平运动员来说，接受的学历教育和文化教育水平有限，难以符合中小学体育教师岗位的学历和文化要求。在此基础上，形成了一方面学校教育系统对体育教师或教练存在大量需求，另一方面学习体育专业、具有体育训练经历或专项技能的大学生、退役运动员难以为学校提供体育教学和课后体育服务的局面[①]。

在"双减"政策与"新课标"颁布后，校园篮球作为课后体育服务项目在全国逐步发展起来，但是相关研究发现，现有的师资力量难以满足课后体育服务需要。因此，弥补师资力量与课后体育服务需求的差距，是目前我国校园篮球工作进一步改善的重要环节。

2. 课程教学与课程标准对接存在问题

目前，校园篮球发展受到限制的重要因素之一是校园篮球教学与课程标准的对接存在问题。根据新的课程标准，初中阶段的学生应该学会基本技术和组合技巧，并具备快攻、传切、掩护、协防等攻防战术配合的能力。然而，目前初中篮球课程还主要侧重于传球、运球、投篮等基本技术，教学内容相对固定。因此，我们需要思考如何规范篮球教学内容，以符合校园篮球教学标准的要求，并激发学生参与校园篮球活动的主动性。

3. 竞赛体系尚未健全完善

校园青少年篮球竞赛体系建设是推进体教融合、实现校园篮球人才培养功能转型的关键。目前，我国青少年篮球竞赛处于多点分散的状态，涉及各方单位和机构。因此，需要加强统筹协调，建立统一的体系，为青少年篮球竞赛提供更好的发展平台。

4. 缺少校园联动机制

推动校园篮球发展需要组织遴选符合资质条件的社会青少年篮球俱乐部和教练，并探索合作方式，建立竞争、管理和绩效评估机制。目前，我国社会体育培训市场调控监管体系不完善，导致在选择社会俱乐部时困难重重，无法实现社会俱乐部和校园服务的良好互动。

[①] 李彦龙，常凤."双减"政策下我国中小学课后延时体育服务时效与保障[J].体育学研究，2022，36（2）：33-40.

二、我国大学校园篮球发展现状

（一）中国大学生篮球联赛对校园篮球运动的推动作用

从体育、教育、社会三大建设视角来看，教育系统有着清晰的学段划分优势。目前，我国教育系统已经形成了中国大学生篮球联赛（CUBA）、中国高中篮球联赛（CHBL）、中国初中篮球联赛（CJBL）等校园篮球赛事体系，旨在以青运会篮球赛、U系列、小篮球联赛等体育系统篮球竞赛为引领，打破体育系统和教育系统之间运动员与教练交流学习的壁垒；同时，广泛吸纳社会青少年篮球俱乐部参与，构建体育、教育、社会三大阵地融合发展的青少年篮球竞赛体系，打造竞技篮球后备人才培养的新基地。

1.CUBA的发展历程

CUBA是我国规模最大的大学生篮球联赛，有全国各地的各类大学的篮球队参加。最早提议开展大学生篮球联赛的时间是在1998年，那时通过品牌的赞助，大学生篮球联赛的雏形逐步形成，其中具体的工作都是国家体育总局以及大学生体育协会负责的，由于那时各方面还不够先进，所以赛制与现在的也是完全不同。CUBA如今已经成功举办了25届，参加的大学生体育运动员以及学校都在不断地增加，在这样的局面之下，CUBA意识到当前的赛制已经不能够承载这么多的球队进行比赛，所以就开始了一步一步赛制改革，以求让CUBA能够适应现在的形势，让更多大学以及大学生参与进来。

2.CUBA联赛赛制对校园篮球运动的助推

CUBA是全国性的最高篮球联赛，在国内的大学生当中影响力非常大，随着新赛制的出台使用，高校的篮球运动热潮正在被大幅掀起，目前除了一级联赛之外，CUBA还开展了二级以及三级联赛，这就能够让更多的大学生在CUBA中展现自己，直接促进大学生进入篮球运动行列的人数增加。

CUBA新赛制不仅对高校的篮球运动氛围进行了促进，还在一定程度上为CUBA本身赛事的举办增添了更多的活动。目前三种级别联赛的设置使得更多的大学生参与到了大学生高级别联赛当中，整个CUBA的赛事活动得到了丰富，同时也创新了高校篮球比赛的形式，也为之后高校校内的比赛提供了一个借鉴。

除了赛事活动得到丰富外，其他的一些篮球活动也让参与比赛的大学生结交了更多的朋友，促进了不同地区大学生之间的交流，为我国的大学生文化发展提供了很好的平台。CUBA 还在最近几年联合赞助商举办了很多的趣味赛事，让所有的参与者都体验到了大学生篮球运动的魅力，也让当前的 CUBA 更加具有趣味性以及观赏性。

CUBA 发展至今，影响力在不断地提升，更多的大学生因为 CUBA 了解篮球，大学生群体中喜爱篮球的人变得越来越多。除了对大学生自身的影响外，目前 CUBA 的发展也让那些年龄较小的篮球热爱者对自己的未来有了规划，他们希望通过自己的努力打进 CUBA，追逐自己的篮球梦想，篮球对人的影响变得越来越大。

（二）我国大学校园篮球发展存在的问题

1. 学生篮球水平参差不齐

由于大学体育课是自由选择，所以造成一个篮球班内学生的篮球水平参差不齐，对于教师的教学计划和教学安排都造成了困扰。

2. 教学缺乏实践性

许多大学的篮球课基本以篮球技术基础教学为主，削弱了篮球的自由性和娱乐性，在单调的学习过程中学生体会不到篮球运动的魅力与乐趣，也体会不到篮球运动的根本内涵。

3. 篮球课考核标准片面

当前大多数篮球课的教学评价以终结性评价为主，忽视了对学生情感表现、上课态度和技能进步等的评价。在篮球考核上，教师过多注重学生是否达到教学的要求，而忽视了学生的个人能力和学习态度，就导致有的学生基础比较差，平常认真练习最后考试也拿不了高分；有的学生确实很会打篮球，所以平时在课上不认真练习最后考试也能得高分。

第二章 校园篮球运动中的文化

随着篮球运动在中国的快速发展,对篮球文化的研究受到了广泛关注和重视,篮球运动在我国已经成为一项拥有广泛群众基础、大量运动场地和广泛开展的体育活动,并与中国文化高度融合。本章为校园篮球运动中的文化,主要围绕篮球文化的概念、结构与特点,篮球文化与校园文化之间关系的特点,校园篮球文化的基础认知展开论述。

第一节 篮球文化的概念、结构与特点

篮球运动已经成为一种在全球范围内广受欢迎的文化载体。作为篮球运动的核心,篮球文化在推动篮球发展的过程中起着重要的作用。篮球文化赋予了篮球运动深厚的底蕴,增强了其社会亲和力、感召力和影响力。篮球文化的价值主要在于帮助运动员实现个人价值,促进人类的有序生存和持续发展,并推动全球文明进步。因此,必须大力弘扬与发展篮球运动文化,促进篮球事业和人类社会的可持续发展。

一、不同学者对于篮球文化概念的界定

当前,篮球运动的文化属性已经获得世界各国学者的肯定。

有学者将篮球文化定义为,以篮球运动为表现形式,体现体育价值观、体育道德观和社会意识,围绕篮球运动而创造的物质和精神财富的总和。

还有部分学者认为篮球文化是由参与篮球运动的人共同创造的一种思维方式和行为方式的体现。它包括篮球运动的知识、技能、习俗和规范,以及大家对篮球价值观的共识。有些学者则认为篮球文化是在不同地域的人们通过总结、创新和发展而形成的各种形式和内容。它通过篮球活动来引导大家的思想、观念和意

识，并促进身体和心理的协调发展。可见，篮球文化涉及精神、行为和社会方面的内容，是一个综合概念。

篮球文化是随着篮球运动的发展而产生的，是人们对篮球运动的认识和行为的社会反映，以及篮球运动对社会直接和间接的价值体现。篮球文化包括篮球运动参与者对篮球的社会价值共识，以及在特定社会环境下对篮球运动的特点和规律的理解。篮球文化的发展推动了篮球运动的持续发展和完善。

二、对篮球文化结构的阐析

（一）篮球文化蕴含的物质文化

在篮球文化中，物质文化是一个非常重要的因素。物质文化不仅为篮球文化的发展提供了良好的基础，还体现了篮球运动的精神文化。此外，篮球运动的物质文化也反映了时代的精神和趋势，并积极地影响着各类篮球比赛和活动。

1. 物质文化在篮球运动中发挥的作用

物质文化在篮球运动中主要表现如下：篮球是所谓的"劳动资料"，将球投进篮筐是所谓的"劳动对象"，比赛所需要的场地、服装和各种设施是所谓的"消费资料"，其中的工艺、技术、科技含量等是所谓的"物质生产的实际过程"。研究发现，篮球的这些物质无不体现着人的精神因素，尽管如此，物的性质仍然是最主要的，由此也可以将人的本质力量在物质生产领域中的表现和发展程度体现出来。

需要明确的是，物质和精神并非对立的，二者是一个统一体。精神文化不是文化中某种脱离物质文化的、孤立存在的部分，即使是主体的精神活动，也离不开物质性的文化的大脑，精神依赖于物质。物质文化也离不开精神，正因为它同时是精神的，凝聚着人类的精神劳动，才称作文化，这是物质产品被视为文化的内在根据。在社会文化的整体结构中，物质文化是全部文化的基础。[1] 由此可以看出，"物质"要想获得自身的灵魂、生命，并且在文化领域获得一定的地位，就离不开对文化精神的借助。

综上可知，物质文化在篮球运动中有非常重要的作用，需要对其进行进一步分析和了解，从而更好地为篮球精神文化和制度文化服务。

---

[1] 朱立言，王国元，张践，等.哲学与当代文化[M].北京：中国人民大学出版社，1998.

2. 篮球物质文化中"物"的体现

在体育文化范畴中，物质文化有丰富的内涵和内容，也有非常重要的作用与意义。

从文化学角度来看，物质文化是文化传播中一个非常重要的载体。在文化运载和传播过程中，相较于其他方面来说，物体器件往往被忽视。篮球的"物"能够将各个时代不同的篮球文化精神和意义充分体现出来，同时，这在一定程度上也是某些精神和意义的补充，正因如此，篮球运动才能不断发展。

具体来说，篮球物质文化中的"物"主要包含以下几方面的内容。

（1）篮球

篮球运动早在 1891 年就出现了，但当时发明这项运动的奈史密斯并没有对"球"这一重要运动因素进行充分考量，上课所用的球也是随手捡的一个足球。由此可以看出，"篮球"这个实物起初并未受到重视。

从 1891—1894 年，篮球运动中所用的球都是足球。1894 年之后，才做出使用比足球大一点的球的决定。从某种意义上来说，这个球就是现代篮球的雏形。球囊是在 1928 年才出现的，露的球嘴用皮带子扎住。当时的球是吹起来之后，把球嘴扎紧，塞进球里，外面再用带子缝上制成的。可以说，这是篮球的一个巨大改革，这一变革使球能够成功弹起来。10 年之后，这种球才又被改革，变成新型的球。

当前所用的篮球不仅有漂亮的包装，还有非常好的手感，而且这种正式用球在规则中也有相关规定。目前，篮球的工艺技术水平已越来越高，并且已经形成了一些篮球知名品牌。篮球工艺水平的提高在一定程度上带动了篮球技术的发展，尤其是对运球技术的发展起到了很好的推动作用。

（2）篮筐和篮板

在历史上的第一场篮球比赛中，奈史密斯将桃篮钉在看台上，在比赛过程中，运动员争相将球投进桃篮中，然后，借助梯子将球取出来，再继续比赛。后来的比赛中，用有底的网型代替了篮筐，并且在网子里安置了一根带子，只要球一投进去，一拉带子球就弹出来，这样运动员就不需要爬在梯子上取球了，需要强调的是，这时的篮筐后面是没有挡板的。再后来，就将篮筐安在了篮板上，篮筐的下面装有篮网，球进篮筐应声而出。

在篮球的发展历史中，不仅篮筐在不断改进，篮板也有了较大程度的发展。比如，最早的篮板后面是铁丝做成的，后改为木制，再后来发展成为当前玻璃制的透明篮板。

篮球器材的发展在很大程度上反映了人类的聪明才智，每个器材的发明与发展都是人类智慧的结晶。

（3）场地与设备

尽管一般的篮球活动对场地的要求并不是很高，只要场地空间大、地面平坦，有篮筐基本上就可以了，但是随着社会的不断发展，人们对篮球运动场地和设备等基础设施的要求越来越高，如对灯光等也有了要求等。

从某种意义上来说，篮球运动的物质文化是文化的实体或载体，对人文精神和艺术品位越来越注重。文化的物质性不管是从建筑物、器材设备上，还是从服装、食品上，都能够得到体现，可以说，这些都是文化产品。这些文化产品同时具有使用价值和审美价值。比较典型的当属当前运动员的服装和球鞋，其将设计与材料的舒适度和美观有机结合在了一起。当前，人们的物质生活水平越来越高，精神需求也越来越多元化，层次也越来越高。通过欣赏篮球运动，人们的艺术欣赏需求得到很好的满足，对于观众来说，运动员本身就是一件运动着的艺术品，有很高的观赏性。

（二）篮球文化蕴含的精神文化

篮球精神文化是突出反映篮球运动锻炼功能和思想形态的文化样式，也是对这种独特运动项目的本质概括与整体把握，其对所有参与者都具有深刻的教育意义，并且还能大幅度提升参与者的人生境界。篮球文化具备的勇于挑战、积极向上、爱护集体、相互配合等文化理念都是其在精神领域的重要反映。精神文化是篮球文化中内涵丰富的文化事项，精神文化的存在和表现对参与者的思想与道德境界有建构性作用，因此具有深刻的教育价值。篮球精神文化能够伴随社会进步而不断加入新内容，能够伴随参与者的持续增加而迸发出强大的生命力，所以说篮球精神文化是达到教育目的的一种精神力量。

篮球精神文化的生存和发展必须依托一种载体，而参与者的文化认同就是这种文化形成和发展的阵地。在篮球精神文化持续发展的过程中，一致的文化认同是生存的重要根基，是文化内涵不断充实的关键基础。只有文化信息的发出者和接收者协调配合且保持统一步调，才可推动篮球精神文化更加深入人心，最终演变成篮球运动参与者的自觉文化选择以及心理认同。除此之外，强化文化信息发出者和接收者之间的联系，有助于推动参与者更加认同篮球精神文化，而参与者主动配合就是篮球精神文化产生效力的一条必要途径。

概括而言，篮球精神文化指的是与篮球物质实体相对应而客观存在的，以篮球竞技比赛、篮球体育组织及体育媒介宣传为依托的，有突出教育性、激励性、辅助性、稳固性、领先性的各种篮球思想与观念的总和。

1. 人文篮球理念

篮球运动的健身功能和教育功能极为显著。篮球运动是体现人生价值的重要渠道，在此基础上，篮球发挥自身在人性、人格方面的积极教育作用，进而升华为人的教化，这就是人文篮球理念。

（1）人文的本质

人文的本质主要体现为人文精神。通常情况下，人们会将人文大致分为以下两方面：一方面，是对文化内在价值和意义的自觉，也就是所谓的人文精神，这是通过人们的行动体现出来的"体道"；另一方面，是人们对自身文化的一种了解、一种学问，是所谓的人文知识，也就是"知道"。

（2）人文篮球的主要特性

人文篮球的主要特性如下：基于以人为中心的理念，人文篮球通过融合科学和人文的方式，以教育参与者为目标，与自然和谐相处并强调人性和人格，注重情感教育，培养人生价值的基础。

（3）人文篮球的功能

篮球训练不仅要传授运动技术，还要在传授技术的过程中对人的社会谋生技能进行培养，开发人的智力，从而发挥篮球促进人全面发展的积极作用。

一般来说，人的右大脑所主导的是形象思维，而人的左大脑所主导的是逻辑思维。通过篮球运动训练，能够使这两方面都产生一定鼓励正确的行为，当然适当的惩罚在某些时候也是必要的。

运用强化手段培养动机时，要注意以下几点。

①明确规定应获奖励的行为、奖励的条件以及奖励的标准，奖励要适当，要以能激发运动员的动机为标准。

②最好对达到标准的良好表现进行没有规律的强化。
③鼓励运动员间的相互强化。
④奖励不是最终目的，其目的是加强内部动机。

依从、认同和内化方法培养动机，包括以下几点。

①依从方法。依从方法是指利用外部奖励和惩罚的作用来激发运动动机的方法。该方法是激发动机的有效手段，特别是对那些自我观念淡薄的运动员来说，尤其如此。

②认同方法。认同方法是指利用教练与运动员之间的关系来激发运动动机的方法。这种方法能有效地激发运动员的动机，但需要教练和运动员保持良好的关系，使运动员能按照教练的要求去做。

③内化方法。内化方法是指通过启发信念和价值观来激发内部动机的方法。

④自我调整以引发动机。大量的实践表明，通过进行自我调整，可以加强动机，促进责任感和自我价值感的发展。这一点对于培养和激发运动动机尤为重要。一般来说，在运动训练中，教练所做的训练安排还是比较适合于运动员发展的。但只有运动员最了解自己的实际状况。一旦运动员学会了如何设置训练计划，他们就有可能会设计出更好的适合自己发展的计划。

因此，教练应根据运动员的能力和水平，在有组织的范围内下放权力，培养他们的责任心、自觉性以及在有限的条件下作出正确决策的能力，这样能有效地激发运动员的运动动机。

2. 篮球竞赛谋略

篮球竞赛谋略的表现方式主要有以下三种。

（1）"知"

"知"就是"知识"，在篮球文化中代表人们对篮球专业知识的理解，其通过信息处理、筛选和积累而形成文化。随着社会的发展，知识在竞技体育中变得越发关键。知识是创造性思维的基础，而篮球运动则是培养创造力的活动。因此，向运动员传授新的知识，积极有效地开发他们的灵感思维，并科学地培养他们的创造能力，成为建设篮球文化的主要目标之一。这样的努力能够进一步促进篮球文化的发展和运动员技能水平的提高。

（2）"智"

"智"就是"智慧"，具体指辨析判断、发明创造的能力。一般来说，要发挥人脑智慧的现实作用，需要具备的重要条件是知识的长期积累和生理功能的最佳状态。一般劳动的实现离不开知识，而创造性劳动的实现则与智慧有着不可分割的联系。一般来说，有智慧的人往往具有较强的能力，这主要体现在洞察幽微、直觉未来、预言预见、把握机会、重构重建、创造发明等方面。

在篮球竞赛中，运动员和教练的"智慧"有非常重要的作用。篮球竞赛不只是运动员之间体能、技术、战术的较量，同时也是心理和智力等方面的较量。"运动智慧"高的篮球运动员往往能够深刻把握专项竞技篮球运动的特点和规律，对于训练的理论和方法，他们也有更为准确的认识和体验。因此，他们在训练中对教练的训练意图理解得更加准确且深入，在此基础上他们能够以自觉的行为配合教练，与教练共同保证预定训练计划的高质量完成，从而使运动员的总体竞技能力提高到一定水平，保证训练效果。

另外，"运动智慧"高的篮球运动员对先进的、合理的运动技术有准确的把握，可以利用较短的时间高效学习和掌握运动技巧。在学习与训练过程中，他们对篮球运动战术的精髓和实质也理解得很透彻，在比赛中善于灵活地运用战术。他们掌握着丰富的心理学知识，善于动员和控制自己的心理活动，从而保证在竞技中更为出色地发挥自己的竞技水平，表现出超群的竞技能力。

（3）"见"

"见"就是所谓的"见识"，是对信息处理后的一种认知。从功能角度来看，知识和智慧是处理信息的机能，而见识则是处理的结果，预见性是其重要的特性之一。一般来说，"见识"是在知识、智慧、信息的基础上建立起来的。见识往往能够创造良好的发言机会和权利，同时也能够使人以正确的方法处理具体问题。

信息是见识的重要来源之一。作为一个原始媒体，信息具有实用价值，但是，这种价值并不是直接就可以实现的，还需要人来进行信息的处理。从当前的形势来看，"信息处理"是信息时代的关键问题。

篮球竞赛谋略包含以下几方面的内容。

第一，立人、用人谋略。现阶段，各国在培养篮球人才方面主要有两条途径：一是举国体制途径，这一途径在我国培养篮球人才方面发挥了重要的作用；二是将篮球运动普及发展与教育有机结合起来的体教结合途径，这种方式在西方国家较为常见。

以上两种方式都在一定程度上反映了人才培养的谋略，也将不同文化背景及不同时代社会、政治、经济条件下对篮球运动发展的期望充分体现出来。

除此之外，在运动员技术特长和技术风格的塑造上也能够体现出谋略意识。例如，对有天赋的篮球运动员进行培养，教练要在充分考虑运动员天赋的基础上确定培养方向与风格，这也在一定程度上体现了教练的智慧与谋略。

第二，竞技谋略。在篮球比赛中，双方的谋略都会得到不同程度的体现。可以说，篮球文化中，竞技谋略是非常重要的一项内容，并且为人们所钟爱。

体育竞技比赛中所运用的谋略有"机动灵活""随机应变""料敌制胜""出奇兵"等，这些也是运用最多的军事谋略。需要强调的是，在运用谋略之前，要求教练首先对参赛的对手有一定的了解，如对选手的技术水平、身体能力、心理素质、应变能力等基本情况做到心中有数。通过对比赛发展趋势的预见，教练应机动灵活地、有针对性地运用相应的谋略，从而对比赛过程进行有效控制和把握。

第三，管理谋略。通过对个人和集体行为的宏观设计，制定策略来促进计划和目标的顺利实现是管理者在运动训练和竞赛中的重要职责。他们需要全面考虑运动员个人特点、团队协作、资源配置等因素，并进行积极指挥和有效管理，以取得运动训练和竞赛的最佳效果。

三、篮球文化的特点

篮球运动蕴含的体能、技巧、智慧和欲望的基本元素决定了它的文化特性与文化价值，而这些也是它在人类社会中经历百年而长盛不衰的重要原因。

（一）时间特征和空间特征

篮球作为一项竞技体育运动，在规则设计上注重体现时间特征和空间特征，并经历了逐步完善的过程。规则的变化和调整对运动员的积极性和表现产生了深远影响。运动员需要在规定的时间内迅速完成进攻，这要求他们具备快速决策的能力和技术执行能力。此外，篮球规则的设计也改变了比赛的空间特征。例如，三秒区和禁区的规定限制了球员在攻防转换时的位置和活动范围，使比赛更有秩序和规律。在篮球训练计划和战术安排中，时间和空间因素被广泛考虑和运用。训练中的时间控制帮助运动员提高反应速度和决策能力，战术安排则根据比赛的时间和比分情况进行调整。篮球规则的设计反映了一种文化，体现了规则制定者的思想和理念。规则的变化是为了提高比赛的竞争性和观赏性，并满足观众的高水平欣赏需求。综上所述，篮球运动与时间和空间因素密切相关，并且这些因素在运动员的素质和比赛的质量中起到了重要作用。

（二）社会性与个体性

篮球文化作为一种全球性的体育文化，已经在社会中得到了广泛认可并且成功融入社会生活中。篮球的发明本身就获得了社会各界的广泛认可，这使得篮球运动得以快速传播和普及。篮球运动作为一项集合了体力、技术与战术的运动项目，其简单易懂的规则和吸引人的比赛方式吸引了大量球员和观众的关注。不仅如此，篮球运动作为全球性的体育项目，在不同国家和地区都有深厚的根基和广泛的群众基础。篮球运动的传播得益于媒体的广泛运用，包括电视、互联网和社交媒体等，这些媒介极大地促进了篮球信息的传递和观赛体验的共享。因此，篮球文化得以迅速传播，进一步加强了人们对篮球的认同感。

篮球文化在个体层面上得到了充分体现，这主要反映在运动员的个人行为方式上。每个篮球运动员都会在比赛中展现出独特的技术和风格，他们通过自己的努力和训练成果，创造出令人赞叹的篮球技巧和战术战略。这些个体表现使他们成为篮球文化的代表，更加凸显了篮球文化的多样性和魅力。篮球运动员的风格和行为也在一定程度上影响了球迷和观众的审美标准和行为表达方式，进一步推动了篮球文化的传播。

此外，篮球赛场也为人们提供了表达情感和彰显自我的空间。无论是球员还是观众，都能通过篮球比赛的赛场释放出自己的情感和激情。球员以充满激情和奋斗精神的表现，赢得了观众的喝彩和尊重；观众则可以通过观赛和参与观众互动活动来共同体验篮球文化。同样重要的是，篮球文化在赛场上受到社会道德和篮球规则的限制，这体现了篮球文化所具备的规范功能。球员要在比赛中遵守规则并展示出良好的团队合作精神，这有助于塑造正面的篮球文化形象。

(三) 全面性和体质性

篮球运动是一种全球广泛开展的体育项目，它具有自身独有的特征。篮球运动具有文化功能，包括意义、意蕴、特殊价值、精神和社会交往作用等。篮球文化作为一种特殊的文化现象，涵盖了篮球运动的产生和发展，并在人们的生活中担当了重要的角色。与此同时，篮球文化也强调着运动竞技水平的提高，鼓励个人通过训练和努力追求卓越表现。篮球文化通过比赛等方式展现个人实力和团队合作精神，并以战术策略、技术动作等为重要组成部分。

(四) 全球性、地域性和民族性

全球性是指在满足人类生活需求和社会组织服务方面的共同特征，而地域性则指的是不同地区和民族间的文化差异。当我们谈及体育文化时，它作为民族文化中的一部分，反映了民族的文化精神，并形成了与其他国家和具体文化不同的个性化体育文化。

历史和文化的差异使得不同民族对篮球运动有不同的认识和应用方式，因此在技术风格和战术风格上会有所不同。这些风格反映了特定民族文化的特点，同时也展现了文化在篮球运动中的渗透和影响。

随着科技革命的发展，人类的生产、工作和生活方式发生了巨大的变革。大众传媒的迅猛发展使得篮球运动的影响力得以扩大，也推动了篮球运动及相关产业在全球范围内的普及和发展。

篮球运动的统一规则使得不同民族的球员能够在同一个赛场上进行公平竞争，这增进了跨文化的交流和融合。此外，外援球队的参与以及世界大赛的举办都表明了篮球文化的全球性。球员和球迷可以在世界舞台上欣赏到各民族的才华和技艺，这也促进了不同文化之间的相互理解和友谊。

我国文化源远流长，站在民族文化的角度来说是具有代表性的东方文化。我国篮球文化必然会和社会文化充分融合成一个整体，逐步演变成扎根于社会民族文化基础上的篮球文化，在价值观念、行为方式、管理与运行文化理念等方面都具有鲜明的民族特色。在我国各个省市和各个地区具有文化差异和风俗习惯差异等的作用下，我国篮球文化在赛场环境、球队风格、观众习惯、表演形式、表演内容等方面同样反映出鲜明的民族地域性特点。需要说明的是，我国篮球文化共性以外的区域性特征不仅使我国篮球文化的内涵更加丰富，而且使篮球文化对人们产生的吸引力更大。

（五）传承性和时代发展性

文化的发展和传承是人类社会对知识、价值观念、习俗和艺术创作的不断传递和创新的过程。文化的传承和积累是实现文化发展的基础。人类通过创造、学习和传播文化，使其在不同的时代和地域传承并得以丰富。

文化的传承是对传统的重复和模仿，也需要通过创造和创新使文化得以丰富和发展。创造和创新是文化传承中的重要环节，它使文化能够不断适应时代的变化和社会的需求。在篮球文化中就体现为，人们通过创造新的技巧、战术和比赛形式，使篮球文化不断发展和更新；同时，人们通过文化创新将篮球文化与其他领域进行交叉融合，创造出新的篮球艺术形式和文化表达方式。

篮球文化作为一种具有传承性和时代发展性的文化形态，在吸纳时代变化和创新方面具有其独有的特点。它不断丰富自身的内容，以适应广大群众的生活方式和文化习惯。这种特点在NBA文化和中国篮球文化中都得到了体现。NBA作为世界级篮球联赛，通过建设现代化的体育馆、打造高水平的球队以及关注细节等方式，始终保持与时代相契合的文化特征。NBA不仅关注比赛本身的精彩表演，还注重营造具有娱乐性和商业价值的场馆氛围。例如，NBA球队经常在场馆内创造出炫目的灯光效果、激烈的音乐节奏和各种娱乐节目，使观众能够获得更丰富的观赛体验。这一系列的举措不仅推动了篮球运动的发展，也为球迷带来了更多的娱乐享受。在我国，CBA的成立、制度建设和完善、俱乐部的发展以及品牌的打造等也体现了篮球文化的时代性发展。CBA作为中国顶级篮球联赛，通过引进外籍球员、提升球队竞争力、改革比赛规则等举措不断推动着中国篮球的发展。同时，CBA联赛还通过建设篮球馆及其文化设施、开展篮球交流与合作、举办篮球文化活动等方式，为广大群众提供了更多参与篮球运动和欣赏篮球比赛的机会。这些努力不仅促进了中国篮球文化的发展，也为中国篮球运动提供了有力的支撑。

篮球文化的发展也离不开文化传统和习惯的影响。各地的文化传统和习惯在较高层次上影响着篮球运动发展的趋势。例如，中国篮球运动在发展过程中融入了中国传统文化的元素，如团队合作、集体荣誉等，这些传统价值观对中国篮球文化的发展起到了积极的推动作用。赛场文化是篮球运动发展的重要基础和关键部分，它超越了篮球比赛本身，成为广大群众文化生活的一部分。赛场形成的文化传统与习惯对篮球运动的发展趋势具有决定性作用，能够为篮球运动注入强大的推动力。

（六）多样统一和互动合作性

人类是以文化为基础的生物，民族文化作为人类集体财富的总和，在人类社会中发挥着重要的作用。不同民族文化之间存在着独特而丰富的多样性，这种多样性不仅丰富了人类文化的内涵，也推动了文化的进步和发展。篮球运动作为一项全球性的体育运动，不只限于体育范畴，更与政治、经济、文化等多个领域密切结合，形成了独具特色的世界篮球文化。

在篮球文化中，不同民族和地区的文化元素相互推动、相互融合，促进了篮球文化的多元化发展。例如，美国篮球文化以其技战术的精湛和娱乐价值的突出而备受瞩目，对其他国家和地区的篮球文化产生了深远的影响。同时，其他国家和地区也在自身的文化背景下赋予篮球运动自己国家的意义和风格，形成了各具特色的篮球文化。此外，篮球文化的发展不仅受到文化因素的影响，还受到政治、经济等多个因素的共同影响。篮球运动在一些国家和地区成为国家形象宣传的重要方式，政府和企业对篮球的支持和投资也对篮球文化的发展产生了积极的推动作用。

在文化的不同层面中，篮球文化的发展也受到不同因素的影响。在个体层面上，篮球文化可以激发人们的热情和潜力，培养团队合作精神和竞争意识；在社会层面上，篮球文化可以加强人们的交流和联系，促进不同群体之间的融合和和谐发展。

第二节 篮球文化与校园文化之间关系的特点

篮球文化是指人们在进行篮球运动的过程中所获得的物质财富和精神文化。从宏观角度而言，校园文化是指在学校范围之内多种精神或实体存在方式的综合，这主要体现为学校的物质文化、精神文化和制度文化等几方面。从微观角度而言，校园文化就是一种精神文化和文化氛围的总称，学校的课外文化活动是其主要内容。不管是从宏观角度还是从微观角度来说，篮球文化与校园文化之间都有着非常密切的关系。确定二者之间的关系，无论是对于校园文化还是篮球文化的发展都具有重要的意义。总体而言，篮球文化与校园文化之间关系的特点如下。

一、包容性

对于优秀的学校而言，不仅要拥有一支高素质、高质量的师资队伍和良好的管理团队，而且还要有一个丰富和完善的校园文化体系。一支优秀的篮球队伍则需要同时拥有团队精神与团队文化，二者相互包含、密不可分。由此可见，校园文化和篮球文化之间具有较强的包容性，二者互相促进、共同发展。

大部分运动员选择上学的原因多是因为学校拥有丰富的校园文化和优秀的运动队，这表明校园文化的丰富和篮球文化的浓厚是他们的首选。校园文化的丰富塑造了大学的篮球文化，而篮球文化的发展则依赖于校园文化的传播与发展，这两者相辅相成，共同推动着校园篮球文化的发展。

二、物化性

篮球作为一项体育运动，其物质文化在校园环境中具有重要的意义。篮球的物质文化包括器材、设施、服装和宣传产品等元素，这些元素构成了一个完整而系统的篮球运动体系。在校园篮球运动中，这些物质文化的存在对学生的学习和身体发展起着积极的推动作用。

校园篮球教材作为篮球物质文化的重要组成部分，在学生的篮球活动中扮演着桥梁的角色。篮球教材为学生提供了一系列的活动内容和方法，通过系统化的教学，帮助学生掌握篮球的基本技术和战术知识。这不仅培养了学生的运动技能，还促进了学生对篮球知识的学习和理解，为校园篮球运动的发展提供了基础。奖品和宣传物品在校园篮球文化中扮演着重要的角色。奖品是对校园篮球比赛中优秀表现的认可与鼓励，代表着学校体育荣誉。这不仅激励学生勇于面对挑战，还增强了他们对篮球运动的热爱。宣传物品如海报、宣传册等则是校园篮球活动的推广与宣传，通过展示篮球运动的魅力，吸引更多学生参与其中，推动校园篮球运动的发展。

篮球的物质文化不仅体现在器材或设施上，还体现在教材、奖品和宣传物品等方面。它不仅丰富了校园物质文化，更为校园文化的物质环境和精神文化的发展提供了重要基础。篮球作为一项广泛普及的运动，其物质文化的传播和发展在校园环境中起到了积极的推动作用，促进了学生的全面发展和身心健康。

三、意识性

校园篮球的推广和发展对于学生精神文明建设具有重要意义。篮球作为一项能够体现团队合作精神的体育运动，通过学生篮球赛事的举办可以培养学生的价值观、审美观和篮球思维方式等意识形态，为校园文化注入新的活力。

学生篮球赛事的举办可以加强学生的体育意识和全面教育。篮球运动能够锻炼学生的身体素质，提高学生的运动技能水平和协调能力。通过参与篮球赛事，学生能够培养团队意识和合作精神，学会与他人合作、协调和沟通，这对于日后的社会交往和职业发展都具有重要意义。同时，篮球赛事也能够促进学生之间的交流和交往，增强他们的凝聚力和归属感。学生篮球赛事能提高学生的篮球文化水平和意识。通过观看和参与篮球赛事，学生能够了解篮球的规则、战术和技术要领，培养对篮球的兴趣。篮球作为一项十分受欢迎的体育运动，具有丰富的历史和文化内涵。通过篮球赛事的举办，学校可以引导学生深入了解篮球运动的背后故事和丰富多样的文化，提高学生的篮球文化素养，培养学生对体育运动的兴趣和追求卓越的精神。学生篮球赛事的举办促进了校园篮球文化的建设与发展。通过组织篮球赛事，学校能够培养出一批篮球人才，提升学校在篮球领域的声誉和影响力。同时，篮球赛事也能够带动校园篮球教学和训练的发展，提高学生的篮球技能水平。通过建设健全的篮球比赛体系和培养优秀的篮球运动员，学校能够形成自己独特的篮球文化，并为学生提供丰富的体育活动和交流平台，促进校园篮球运动的繁荣和发展。

四、制度性

篮球制度文化包括篮球竞赛规则、竞赛制度、管理制度等相关内容。在篮球规章制度中蕴含着丰富的教育内涵，它不仅彰显着篮球运动竞赛的公平公正性，而且也影响着参与者的行为道德素质。校园篮球文化的建设和发展需要适当的管理体制和规章制度。这些体制和制度是由相关组织机构负责制定和管理的，目的是规范学校篮球的教学、比赛和课外活动，并为篮球文化提供有计划、有组织的管理环境。篮球管理体制是篮球运动的管理制度和运行机制，不同高校可能有所不同，但都必须遵守上级组织管理机构的要求。了解篮球制度和管理条例的重要性有利于推动校园篮球运动的进一步发展。

第三节 校园篮球文化的基础认知

一、校园篮球文化的概念

校园篮球文化指的是以校园为空间，以学生和教师为参与主体，以篮球运动为主要内容和运动手段，所创造的篮球物质财富和精神财富的总和，其表现出一种具有校园独特形式的学生群体文化生活。[①]

校园篮球文化是一种独特的文化现象，它涉及参与者的观念文化和行为文化。在校园中，篮球文化被视为不可或缺的一部分，它具有群体文化的特点。学生在校园篮球文化的影响下朝着更健康、文明的方向发展，在潜移默化中提升个人的综合素质，无论是在生理上还是心理上都能取得长足的进步。

校园篮球文化是一种融合了人文精神和智慧的文化形式，以篮球技术和知识为基底进行传播，以教师和学生为主体，以校园精神为代表，并通过团体参与的文化活动进行展示。在教育功能方面，校园篮球文化能够培养学生的协作精神和自律能力，促进友谊和团结，培养领导才能和沟通技巧。在文化功能方面，校园篮球文化能够增强学生对体育文化的认同感，丰富学校文化的内涵，培养学生的审美情趣和文化素养。

二、校园篮球文化的多重属性

（一）游戏属性

校园篮球文化的游戏属性体现在以下几方面：强调娱乐性、促进社交互动、注重开放性和自由性。

---

① 钱海龙，柴晓娟.人文关怀视域下校园篮球文化价值探析[J].教书育人，2015（35）：50-51.

校园篮球作为一种娱乐和社交活动，重视学生在其中体验篮球的乐趣和快乐，即强调娱乐性。学生参与篮球活动时，更关注的是享受运动的乐趣，而不是追求激烈的竞争。篮球被视为一种有趣的游戏，通过参与其中，学生可以感受到运动带来的愉悦和活力。

促进社交互动是校园篮球文化游戏属性的另一个体现。校园篮球为学生提供了一个交流和互动的平台。学生参与篮球活动可以增进友谊，促进彼此之间的情感交流。学生可以通过共同体会篮球的乐趣来建立联系，同时也能感受到集体活动的团队意识和凝聚力。

校园篮球文化注重开放性和自由性。它鼓励个人的自由发挥和创造，不过分强调技术水平和比赛规则。篮球爱好者可以根据自己的临时协议或者个人喜好来组织篮球活动，让每个人都能找到适合自己的参与方式。这种开放性和自由性使得校园篮球文化更加包容和多样化。

校园篮球文化的游戏属性体现了篮球作为一种娱乐活动和社交活动的特点，并使得其在校园中得以推广和深入发展，并在学生的日常生活中发挥积极的作用。

（二）竞技属性

校园篮球文化作为一种竞技体育文化，在校园内扮演着重要的角色。它具有技术水平高、竞争激烈、战绩优秀和参与人员充满活力激情等多个特点。

首先，校园篮球文化为学生提供了锻炼身体、展现个人才华和培养竞争意识的平台。通过参与篮球运动，学生可以提高身体素质和协作能力，培养自信心和团队精神。

其次，校园篮球比赛是选手展示个人技术水平和团队合作能力的机会。选手通过长时间的训练和不断努力掌握了篮球运动的基本技巧，并在比赛中展示出灵活多变、迅速机敏的特点。比赛场面激烈，充满竞争的氛围，每个球队都渴望胜利，每个选手都全力以赴地拼搏。这种激烈的竞争激发了选手的潜能和斗志，使他们展现出勇敢机智的竞技精神。

再次，校园篮球文化注重优秀成绩的取得。通过技术的提升和团队的合作，选手努力争取每场比赛的胜利，力求取得优异的成绩。这不仅是为了赢得比赛，还是为了培养选手坚持不懈、团结合作和不怕失败的品质。这些品质将对他们未来的人生道路产生积极的影响。

最后，校园篮球比赛吸引了大量的观众。他们为自己喜爱的球队和选手加油助威，共同感受篮球运动带来的活力和激情。这不仅推动了校内篮球运动的发展，还在运动员和观众之间建立起良性的情感互动，形成了独特的校园篮球文化现象。

通过参与校园篮球活动，学生能够培养自己的体育素养和竞技意识，同时享受到篮球运动带来的快乐和成就感。校园篮球文化对学生的身心健康和全面发展具有积极影响，不仅提高了学生的运动素养和竞技意识，还培养了他们的团队合作精神和领导能力，帮助他们在学习和生活中取得更好的成绩。

（三）教育属性

校园篮球文化作为一种特殊的教育方式，在学校教育中具有独特的教育属性。通过观赏或参与篮球比赛，学生团结一心，为了同一个目标欢呼呐喊或努力奋斗，这种真诚和自主的表达并不需要有意的说教或动员。学生在比赛现场的相互交流和互动中，能够形成自我意识，并受到团队合作精神的感染和引导。与其他德育手段相比，校园篮球文化独特的教育目标和效果使其无法被其他方式替代。

校园篮球文化培养了学生团结互助精神和合作精神等。通过参与篮球比赛和团队训练，学生能够体验到团队合作的重要性，并学会在团队中相互支持和互助。这种集体合作的精神培养了学生的社交能力和与他人合作的能力，这是其他教学途径无法做到的。

校园篮球文化活动是对学校体育教育课程的有力补充。传统的体育教育课程往往注重个体技能的培养，而校园篮球文化活动则强调团队合作和集体荣誉的追求。通过营造浓厚的校园篮球文化氛围，激发学生的兴趣并使其自发参与，能够增强学生学习体育课程的动力。这种积极的学习动力将能够提升体育教师的教学水平和质量。

此外，校园篮球文化的教育属性还体现在培养学生的认知能力和人际交往能力上。在篮球比赛中，学生需要迅速做出决策、分析对手的战术和调整自己的战略。这些训练能够提高学生的思考能力和问题解决能力。同时，比赛过程中的交流和互动也帮助学生建立起良好的人际关系，培养了他们的社交能力和团队合作意识。

（四）社会属性

校园篮球文化作为一种特定的社会文化现象，具有明显的社会属性。在校园篮球文化中，学生以协调性和合作性为基础展开各项活动。无论是运动员、观众还是后勤人员，他们都在明确的职责划分下，通过分工协作实现团队目标。篮球比赛需要运动员之间的默契配合，而观众则通过助威呐喊来展现对球队的支持。

团结和支持是校园篮球文化中重要的社会属性之一。观众为球队加油助威，为运动员提供鼓励和支持。同样，球队后勤保障人员也为运动员提供必要的支持，确保比赛的顺利进行。球队成员在研究战况和讨论对策时展现出团结一致的精神。

激情和活力是校园篮球文化的另一个重要社会属性。篮球运动参与者对篮球运动充满激情。他们通过积极参与篮球运动，释放自己的激情和活力。篮球场上的激烈对抗和技巧的施展等都充分展示出参与者的活力。

传播和推广也是校园篮球文化的社会属性之一。一些人扮演着传播校园篮球文化的使者的角色，通过解说、介绍篮球知识、模仿著名篮球运动员等方式，推广篮球文化。篮球文化的传播不仅在校园内部进行，还涉及更广阔的社会范围。这种传播和推广在为参与者带来了快乐和荣誉的同时，也创造了社会商机和经济效益。

这些社会属性的存在，不仅仅体现了校园篮球文化的特点，也对参与者和社会产生了积极的影响。

三、校园篮球文化的特征

（一）物质性

校园篮球文化的物质性指的是校园篮球的物质条件，包括篮球场地、篮球设备及相应的校园环境等。这些物质条件是校园篮球文化赖以存在的重要媒介，具有文化熏陶作用，能够深深感染身处其中的每一位学生，起到精神引导作用。

（二）精神性

校园篮球文化的精神性指的是校园篮球体现出来的体育精神、体育道德、体育品质、体育价值观、精神风貌及相关文明礼仪。学生在篮球比赛中的集体主义精神、集体荣誉感等都是校园篮球人文精神的集中体现。在校园篮球比赛中，参赛选手表现出来的顽强拼搏、永不言败的精神使其他学生深受鼓舞，不仅增强了学生的自信心，也有效推动了校园篮球的积极发展。

（三）体制性

校园篮球文化的体制性是指校园篮球行为文化的动态呈现形式，主要包括篮球教学活动、赛事活动及管理制度等。

四、校园篮球文化的功能

（一）健身功能

篮球运动是集体性运动，也是综合性运动。学生参与形式多样的校园篮球运动有助于促进身心健康，锻炼综合能力。因此，也可以说校园篮球文化具有健身功能。

（二）增智功能

现代篮球运动发展的科学化、谋略化、技艺化趋势越来越明显，校园篮球文化的发展水平也因此而不断提升，表现出技术与智谋的渗透结合。因此，学生参与校园篮球文化活动，既要从中汲取文化营养，又要不断丰富自己的文化知识，这样才能更好地理解篮球运动的本质。篮球运动能够使学生大脑的物质结构和机能状况得到改善，促进其思维能力的提高，为学生智力开发与提高创造良好的条件。

（三）娱乐功能

通过参与校园篮球文化活动，学生可以对道德文化、体育知识、方法和技能有一定的了解与掌握，同时也可以陶冶情操，增进友谊，获得良好的精神体验与享受。很多学生都认为打篮球是一项快乐的活动，可以放松身心，缓解压力，调节学习。校园篮球使学生成为主动的体育实践者，从而为学生的终身体育生活打好基础，使其形成积极健康的生活习惯。

（四）群育功能

篮球运动强调团队精神和协同作战，将个人行为以全队整体目标为中心。运动员需要齐心协力、密切配合，将个人技能与集体融合，为个人提供最佳保障并创造更多机会。篮球运动可以培养学生的团队意识，教导学生遵守规则、公平竞争等社会观念和行为模式。

(五)教育功能

篮球运动在校园中具有显著的教育功能,在培养学生的组织性、纪律性、集体主义精神和机智灵活的应变能力方面起着重要作用。例如,篮球比赛能够培养学生的竞争意识、责任感、义务感和集体荣誉感。通过积极参与比赛,学生能够感受到集体荣誉的重要性,进而推动他们在学习和生活中积极表现。

第三章 对校园篮球文化建设的思考

本章为对校园篮球文化建设的思考，依次介绍了校园篮球文化建设的必要性、校园篮球文化建设的问题成因、校园篮球文化建设的原则与对策三方面的内容。

第一节 校园篮球文化建设的必要性

一、当前我国校园篮球文化建设存在的问题

随着我国各级院校不断落实校园篮球策略，校园篮球文化建设的成效越来越显著，但是受到社会环境、篮球体制、教学理念等多方面因素的影响，校园篮球文化建设还存在一些不足之处，下面主要分析几个常见的问题。

首先，学校对篮球文化的认知水平偏低，未能充分认识到篮球的多重价值，导致篮球活动在学校中缺乏引导和支持。其次，竞技文化是篮球文化的核心要素，但目前校园篮球比赛次数少、规模小，学生的满意度较低。这些问题导致了篮球活动缺乏有效的组织和发展渠道，限制了学生在篮球方面发展和展示自我能力的机会。

学生身体素质的不足是制约校园篮球文化建设的另一个重要因素。现代学生由于长时间久坐于课桌前，缺乏锻炼的机会，身体素质普遍下降。这使得许多学生在参与大规模篮球比赛时面临各种挑战，如体能不支、技术不够娴熟等。

缺乏对校园篮球文化的宣传与教育也是一个制约校园篮球文化建设的因素。学校在宣传校园篮球方面往往存在疏忽，导致学生对校园篮球了解不足且缺乏兴趣。同时，对于学生篮球技术的培养和教育也缺乏系统性和长期性，导致学生对篮球的了解程度和技能水平无法得到有效提升。

环境建设落后，教学效果不佳。校园篮球运动的推广需要基本的物质条件，篮球场地是先决条件，若场地不足，校园篮球的发展规模将直接受到影响，校园篮球文化建设的空间也会受限。此外，学校专业体育教育设备不足，教学要求无法完成，导致篮球教育教学效果差，从而制约了校园篮球文化建设。

二、加强校园篮球文化建设的意义

近些年来，校园篮球文化受到了越来越多的关注，篮球已经成为很多学校着重发展的运动项目。构建良好的校园篮球文化有助于丰富校园文化的内涵，推动篮球运动的可持续发展，为学生身心健康发展保驾护航。因此，加强校园篮球文化建设具有以下重要意义。

①提高学生心理健康水平和促进形成良好行为规范。参与篮球活动可以提供给学生充实的课余生活，有助于减轻压力、提高心理健康水平。篮球文化强调团队合作和公平竞争，可以帮助学生形成良好的行为规范和价值观。

②丰富和完善校园文化。校园篮球文化作为一种具有广泛影响力的文化形式，能够丰富和完善校园文化，增添活力和创造力。学生通过参与篮球活动，可以培养对体育和团队合作的兴趣，推动校园文化多元化发展。

③提高学生的人际交往能力。篮球是一项需要团队合作的体育项目，在篮球活动中，学生需要与队友和对手进行有效的沟通和协作，培养和锻炼了自身的人际交往能力，有助于建立良好的人际关系。

④有助于形成正确的体育观和价值观。校园篮球文化强调公平竞争、尊重他人、团队合作等价值观，有助于学生形成正确的体育观和价值观。通过参与篮球活动，学生可以形成勇敢、坚持不懈、团结协作等积极的品质，形成积极向上的人生态度。

⑤活跃学校体育氛围。校园篮球文化的建设可以提高学生对体育活动的兴趣，激发更多学生参与体育运动的热情。活跃的学校体育氛围不仅有利于学生的身体健康，还有助于营造积极向上的校园氛围。

⑥培养后备人才，壮大篮球事业。参与校园篮球活动的人数在很大程度上影响着校园篮球后备人才的培养能力，这是量变引发质变的原理。校园篮球文化能够带动学生参与这项运动，使其对篮球运动技能进行学练。如果学生可以学习与

掌握篮球知识与技巧，不断提高自己，便能够以"篮球后备人才"的身份为我国篮球事业作出贡献。校园篮球文化建设要求对篮球知识、篮球精神大力普及，提高篮球运动的参与性和普及性，学生的广泛参与能够促进校园篮球后备人才的培养。

第二节　校园篮球文化建设的问题成因

影响校园篮球文化建设的因素有很多。其中，场地器材、课程内容、篮球文化活动等方面是最主要的因素。

第一，场地建设不够完善，器材不够充裕。如果篮球运动没有足够的场地，是很难得到长久的发展的，因此篮球场地、器材等的建设对于校园篮球文化发展而言具有十分重要的意义。通过调查发现，目前我国大部分学校拥有最基本的篮球场地或场馆，但数量并不是很多，不能满足全体学生的需求。另外，篮球设备器材也相对匮乏，这对于学生学习篮球技能和知识产生了重要的影响。

第二，篮球课程内容单调，学习途径单一。在校园篮球文化建设的过程中，学生篮球运动知识的学习与掌握、篮球运动技能水平的发展和提高具有非常重要的作用。据调查，在学校中，教师安排的篮球课程内容比较单调，简单的篮球技战术内容教学不能有效提高学生学习篮球的兴趣，不能很好地满足学生学习的需求。篮球历史、篮球规则、裁判法则都是学生想了解的内容，但这方面教育却比较欠缺。除此之外，学生学习篮球的主要途径还是以教师传授为主，学习途径比较单一，不能有效激发学生的兴趣，这对教学质量的提高也是不利的。

第三，篮球文化活动缺乏。开展各种形式的篮球文化活动是校园篮球文化建设的主要宣传手段，通过这些活动可以传播篮球运动的魅力，激发学生学习篮球运动的兴趣，各种形式的篮球活动都可以被拿来利用。例如，校园篮球联赛、校园篮球俱乐部、篮球知识讲座，篮球节等。通过这些活动或比赛的举行，学生可以从中学习到丰富的篮球文化知识，提高自己的篮球运动水平。目前来看，我国各学校的篮球文化活动还不是特别丰富，这在一定程度上制约和影响着校园篮球文化的建设与发展。

第三节 校园篮球文化建设的原则与对策

校园篮球文化建设是推动学生参与篮球运动、培养体育精神与养成健康生活习惯的重要举措。校园篮球文化建设的核心是提供适合篮球文化塑造与培育的环境、重视学生的主导作用和提供合适的活动场地，以推动校园篮球文化的发展。为了塑造和培育校园篮球文化，学校应提供适合的环境。这包括设立篮球俱乐部、组织篮球比赛和培训等活动，为学生提供学习和发展篮球技能的机会。此外，学校还应建立篮球文化的教育体系，通过体育课程和课外活动，引导学生了解篮球运动的规则、技巧和战术，培养学生对篮球的兴趣。学校应重视学生的主导作用。学生应被视为主要的参与者和决策者，在篮球文化建设中发挥重要作用。学校可以设立学生篮球协会或学生领导小组，让学生参与篮球活动的组织、策划和管理，培养学生的领导能力和团队合作精神。通过学生参与的方式，校园篮球文化将更好地符合学生的需求和兴趣，并激发学生积极参与的热情。提供合适的活动场地是校园篮球文化建设的基础条件之一。学校应设立篮球场地，提供足够的篮球场地供学生使用，并保证场地的质量和安全性。此外，学校还可以与体育用品商店或体育器材生产商合作，提供合适的篮球器材和设施，为学生提供更好的篮球训练和比赛环境。

一、校园篮球文化建设的原则

校园篮球文化的发展离不开教师、学生、学校领导等各方面的努力，在建设校园篮球文化的过程中要遵循一定的原则，来创建属于本校的特色校园篮球文化。

（一）人本化原则

校园篮球文化建设的人本化原则是以学生为中心，通过篮球运动来培养学生的综合素质和人文教育价值观。人本化原则要求关注学生的个体发展和全面成长，并满足他们的需求。校园篮球文化活动形式应当多样化，包括比赛、训练、交流等，以激发学生的兴趣。人本化原则要注重培养学生的意志品质和人格塑造。篮球运动需要参与者坚持不懈、团结协作、努力拼搏，通过参与篮球活动，学生能够培养坚持不懈的精神和团队合作的能力。此外，人本化原则强调培养学生的终身体育意识。篮球作为一项普遍受欢迎的体育运动，可以帮助学生认识到身体锻炼的重要性，养成良好的生活习惯。通过篮球运动的体验，学生能够体验到快乐和成就感，激发他们对体育运动的热爱，并形成终身参与体育运动的意识。

（二）绿色化原则

绿色篮球文化是一个综合的概念，旨在通过篮球运动促进人与自然、人与人、人自身之间的和谐相处。它强调参与性和友谊第一的理念，通过篮球比赛和各种文化活动来促进学生之间的交流和增进师生之间的感情。同时，绿色篮球文化也融合了体育与健康的概念，作为体育可持续发展的重要动力之一。通过积极的篮球活动和文化活动，人们可以享受体育运动的乐趣，同时尊重自然、关心环境，并促进个人的全面发展。绿色篮球文化的核心是以可持续发展为导向，强调保护环境和资源的重要性。篮球比赛不仅是竞技体育，还是一种对自然资源的依赖，如球场设施、运动器材等都需要利用自然资源进行制造。在绿色篮球文化中，人们应该关注资源的合理使用，节约能源，减少废物和污染的产生。为了达成这个目标，需要引入新技术、新材料和新方法，以实现篮球运动的可持续发展。

此外，绿色篮球文化与体育与健康的概念密切相关。篮球运动是一项高强度的体育运动，可以锻炼身体各个方面的素质，包括耐力、力量、速度、灵敏度和协调性等。通过积极参与篮球活动，人们可以享受体育运动的乐趣，提高身体素质，并形成健康的生活方式。体育与健康的理念也与绿色篮球文化的可持续发展目标相契合，促使人们更加重视健康、环保和全面发展。学生在愉悦身心、掌握篮球技能的同时，也完善了自身的性格，增强了社会适应能力。

（三）科学化原则

在现代社会背景下，科技发展水平日新月异，校园篮球文化中也包含着科学与人文两种观念。在篮球运动发展的过程中，科学技术为其提供了重要的技术支持，而人文发展理念则为篮球运动指引了正确的发展方向。为了推动校园篮球文化的建设与发展，应当遵循科学化原则，并高度重视科学技术在篮球运动中的积极影响。为此，学校应制订科学合理的发展计划，确立校园篮球文化宣传与建设的重要地位，通过建立科学的组织结构及管理平台，确保校园篮球运动得到全面协调的发展。为了广泛推进校园篮球文化的繁荣，还需建立有利于校园篮球文化发展的制度体系。

（四）和谐化原则

校园篮球文化的建设与发展，对于学生的成长和发展而言具有不可忽视的作用。作为校园文化中的重要组成部分，篮球文化的发展对于校园文化体系的建设而言非常重要，因此建设和营造一个积极向上、和谐发展的校园篮球文化环境是非常有必要的。因此，本着和谐化原则建设篮球校园文化是我们当下一个非常重要的任务。

在物质文化方面，学校应制订一个总体的发展规划，将篮球场馆、设施设备等作为非常重要的方面来建设，将篮球运动场馆等的使用功能与审美需求和谐统一。这需要体育工作者及篮球运动员发挥文化建设的主体作用，建设一个和谐发展的校园篮球文化环境。

在制度文化方面，要营造一个宽松民主的篮球运动文化环境，培养学生独立思考的意识与能力，充分发挥学生的能动性，促进学生积极主动地投入篮球学习之中。

在精神文化方面，学校必须结合自己的具体实际建设具有本校特色的篮球文化，在开展校园篮球文化活动时，应以国内外优秀的篮球运动员的运动经历为主，传授学生学习篮球运动的方法，改造学生的思想和精神，促进学生的全方面和谐发展。

二、校园篮球文化建设的维度

篮球不仅在社会上有着较为广泛的影响力，而且在学校体育教育中也占据着非常重要的地位。篮球是最早被纳入学校体育教育的一门课程，广受学生的欢迎和喜爱。发展至今，篮球运动在我国各级校园中都有着良好的发展氛围与环境，而要想进一步促进校园篮球文化建设，就要从以下几个维度着手开展工作。

（一）学校维度

学校应该重视篮球物质文化建设，并且合理利用现有的体育场地。学校应对篮球基础设施进行规划，并加强设施的维护和管理，以建设具有学校特色的篮球运动文化体系。这样可以为校园篮球运动提供必要的物质基础，并促进篮球文化的发展。具体可采用以下方法。

第一，学校应该建立体育馆和规范篮球基础设施建设。体育馆作为一个室内的篮球训练场地，能够为学生提供良好的训练和比赛条件，提高他们的篮球技能和竞技水平。此外，学校还应该建设标准的篮球场地，需要篮球场地尺寸合适以及篮球架质量好。这将为学生提供一个安全、舒适的篮球环境，激发他们参与篮球活动的热情，并促进他们的健康成长。定期检修和维护篮球场地和设备的良好状态不仅能够延长设施的使用寿命，提高使用效率，还能够确保学生的安全。此外，学校还可以聘请专业的篮球教练和体育教师，为学生提供专业的篮球指导；同时，加强对场地的管理，确保学生在安全的环境下进行篮球训练。学校应该从篮球文化建设的角度出发，推动校园篮球文化的发展和提升。通过组织篮球比赛、篮球讲座和篮球培训等活动，营造积极向上的篮球氛围和文化氛围，激发学生参与篮球运动的热情和兴趣。同时，学校还可以开设篮球选修课程，促进学生篮球技能的培养和体育素养的提高，培养学生的团队合作精神和领导能力。

第二，充分利用社会资源，加强与企事业单位的合作，拉动赞助，增加推广学校篮球运动的资金来源渠道。根据学校的经费情况对室外篮球场地设施进行修缮，室内球馆适度开放，可根据需要建设塑胶球馆，为教学和学生活动提供方便。学校篮球馆也可以对社会开放，收取一定费用，解决校园篮球文化建设资金紧缺的问题。同时，还可以加强篮球场地的配套设施建设，使场地利用率不断提高。

第三，要促进校园篮球文化建设，建设一支具有良好精神风貌的篮球队伍具有重要的意义，可以说这是对校园文化最好的诠释。在建设校园篮球队伍的过程中，要结合本校的特色和具体实际进行，将校园文化充分融入篮球队伍的建设当中，将篮球物质、篮球精神、篮球制度等多方面结合起来，为篮球队伍的建设提供必要的基础和保障。篮球队伍不仅是一支运动队伍，还是一所学校的旗帜，代表着学校的精神和文化，能提高全校师生的凝聚力，从而能更好地促进学校篮球乃至学校教育的进一步发展。

第四，丰富篮球文化内涵需注重个性化图标和球队名称的设计，将学校特色与篮球活动融合，提升学生对篮球的兴趣。趣味篮球竞赛活动和与其他学校、社会篮球队的互动是丰富校园篮球文化的重要措施。通过提高比赛的娱乐性和创新性，提供多元化的比赛形式，学生可以从中享受运动乐趣。与其他学校、社会篮球队的互动可以提升竞技水平，丰富篮球经验，加强学校间交流与合作，为学生搭建社交平台。

（二）平台维度

学校应将期刊、社交媒体、网站等媒体平台充分利用起来，促进宣传平台的拓展，加强对篮球文化的宣传教育，刺激学生的感官，引起他们的关注，改变学生对篮球的认知，使其主动参与和学习，提高学生对篮球文化的认可度。具体来说，平台维度的构建对策有以下几点。

第一，学校应对宣传栏、校报、门户网站等媒介灵活运用，扩大宣传范围，对有关篮球运动的新闻、趣闻多报道一些，重点宣传篮球运动员的精神，让学生认识与了解著名篮球运动员，获得人生启迪、思想升华，然后产生对这项运动的兴趣。

第二，以"健康、快乐、文明、进取"为目标，实现我国学校全面育人的大目标。学校可以每年开展篮球文化节活动，将其作为一项规划固定下来，在每年的固定时间举行，这能丰富学生的精神文化生活。不断宣传校园篮球运动，让学生感受到篮球氛围，并对其参与实践积极引导。学校定期组织开展篮球知识讲座，主要是对篮球文化知识进行普及。学校可以在教学中采用小组讨论、合作探究等方式将学生学习篮球的热情激发出来。

（三）教学维度

学校要加强篮球教学体制改革，促进篮球课程体系的健全与完善，重视篮球训练，使篮球在校园体育文化中的地位不断提升。具体而言，教学维度的校园篮球文化建设的策略如下。

第一，将篮球课程设置为必修体育课程，合理安排每周篮球课时。在学校篮球课程教学中，除了教授篮球技术与战术外，还可以增加篮球运动相关的知识，如学习街头篮球、花式篮球等运动文化，了解这些与篮球文化有关的项目的发展情况，增进学生对篮球运动的全面了解。可以通过引入篮球历史、规则、技巧和战术等内容来丰富篮球课程。多样化的教学方式可以提高学生的兴趣和参与度。通过多元化的内容和教学方式，可以帮助学生丰富篮球知识，提高学生对篮球运动的兴趣和参与度，并培养学生终身体育锻炼的习惯。这种综合性的教学方法将促进学生成为篮球领域的积极参与者，同时满足他们全面发展的需求。

第二，对篮球教学的考核体制要适当淡化，不要一味传授篮球基本技术，还要重视对学生身心素质、战术配合能力的培养。单一的考核体制只能反映校园篮球技术训练失衡的弊端。因此，要注重过程评价，注重学生体育精神、意志品质的培养，让其对篮球运动的魅力有深入的体会，并产生更浓厚的兴趣。

第三，教师合理制订篮球教学与训练计划，在对学生的体能素质加以全面考虑的基础上对训练层次、负荷强度合理安排，以免过度训练带来运动伤害。在此过程中，要严格按照既定计划进行周训练、学期训练工作，确保学生篮球技战术能力的稳步提升。

第四，有效整合篮球训练与篮球比赛，篮球训练计划中要有训练与比赛有机结合的相关内容。组织学生参加校内外篮球比赛，以赛代练，让学生发现自身的不足，并在后续训练中有针对性地进行纠正，这样篮球教学和训练的效果与质量都会提升，也有助于优秀篮球后备人才的培养。

在校园里，学校应该加强对校园篮球文化建设的研究，为校园篮球文化建设提供理论支持。通过整合资源、重视思想、加强物质建设、扩大宣传和普及、完善教学体制、强化训练等手段，促进校园篮球文化的发展和传播，提高对校园篮球文化建设的重视程度，从思想上建立全面建设校园篮球文化的理念体系，实现校园文化和校园篮球文化的健康发展。

第四章　校园篮球运动教学的理论框架

篮球运动教学是现代篮球运动的重要组成部分，是提高篮球运动技术水平和成绩的主要途径，也是各级学校体育活动和篮球学科建设的重要内容。篮球运动教学是以传授篮球运动知识、技能为目的而进行的有组织的教育教学过程的基本形式，也是为提高学生篮球运动水平所进行的系统、科学的训练过程。

本章内容为校园篮球运动教学的理论框架，依次介绍了校园篮球运动教学的现状与存在问题分析、校园篮球运动教学的基本任务与目标导向、校园篮球运动教学的实施过程与原则方法、校园篮球运动教学的课程开发与建设要求四方面的内容。

第一节　校园篮球运动教学的现状与存在问题分析

作为校园体育运动项目之一，篮球运动教学是教师组织学生练习篮球的一种特殊的教育认知过程。篮球运动教学在促进学生身心健康全面发展、提高学生社会适应能力方面有着非常重要的意义。

从本质上来看，篮球运动教学是实现校园体育教育目的的重要途径之一。它是在具体、明确的教育目标下，由教师和学生共同组成的教与学的一种双边教育过程。可以说，篮球运动教学是整个体育教学活动系统的重要组成部分。

一、当前校园篮球运动教学的主要内容及特点

（一）校园篮球运动教学的主要内容

校园篮球运动教学内容主要包括篮球运动教学理论知识、篮球技术、篮球战术三方面。

篮球运动教学理论知识主要包括以下具体内容：篮球技战术分析，篮球运动

教学训练理论、篮球竞赛的组织、篮球竞赛的规则、篮球竞赛的裁判法等。学生通过学习和掌握篮球运动教学的上述基本内容，能对篮球运动有一个基础的认识，并为下一步篮球技战术的学习和运用奠定良好的理论基础。

篮球技术教学是校园篮球运动教学的基本内容，也是耗时最长的教学内容。在校园篮球运动教学中，篮球技术规格、动作方法、动作要领以及技术的合理运用等都是重点内容。

篮球战术是由篮球技术通过适当地、有针对性地组合而得来的。篮球战术的种类非常丰富，而且变化万千，没有一种战术是完全的，更加新颖的战术也被不断创造出来。在篮球竞赛中，战术阵势和战术配合是主要特征之一，也就是说，特定的战术布阵是篮球运动集体对抗形成的主要形式，因此，篮球战术是篮球运动教学的重要内容。

（二）校园篮球运动教学的主要特点

正确认识篮球运动教学的特点对教师科学组织篮球运动教学过程、提高教学质量有十分重要的现实意义。

1. 篮球运动教学是一个基本知识传授和基本技能学习的过程

篮球运动教学活动具有确定的方向和明确的目的。校园篮球运动教学的目的是使学生掌握篮球运动的基本知识、基本技术和基本技能，学会篮球运动的组织教学方法和基本技巧。可以说，篮球运动教学是更侧重于使学生由不会到会，由不懂到懂，逐步掌握各项篮球技术与技能的一个过程。根据教学任务与学生的实际情况，教学往往是从最基本的篮球知识、技术、技能开始的，因此更强调在篮球运动教学中必须遵循篮球技术、技能形成的基本规律。

2. 篮球运动教学以发展学生对球的感知能力为前提条件

篮球运动是以手控球的一项活动，绝大多数技术都是通过手对球的控制与支配而完成的。手对球的感知能力是学习与掌握篮球技能的前提条件。这种专门性感知能力的掌握与提高需要在较长时期的练习中逐步发展起来，这种感知能力的本质属于特殊知觉的发展过程，对练习具有一定的依赖性，即练则提高、不练则退。

3. 篮球运动教学是一个教与学统一的活动过程

篮球运动教学是把教师的教和学生的学交错或结合在一起的一个双方面的

活动。教学活动正是由于有这两方面的共同活动,才使其具有其他活动所不能替代的特殊功效。篮球运动教学中包括教师传递信息的教授法,也包括学生听讲和观察的学习法,是以解决教学任务为目的的师生共同活动的方法,是指导者与被指导者双方的活动。篮球运动教学始终是通过教师的不断指导与学生的反复练习来实现教学目标的,篮球运动教学永远是教与学统一的活动过程,具有双边性的特点。

4.篮球运动教学的组织更强调教师的组织能力与技巧

篮球运动教学是在篮球场上进行的,课堂上往往学生人数较多,而可利用的场地有限,这给教学组织带来了一定的困难。同时,篮球运动教学是以发展学生控制与支配球的技能为前提的活动过程,但由于学生技术水平参差不齐,在学习和练习过程中必然会出现很多的失误,不可避免地影响教学次序,导致课堂混乱,影响练习的强度和密度。因此,这就要求篮球教师必须有较强的组织能力与高超的教学技巧,使课堂教学有序地进行。

二、当前我国校园篮球运动教学的发展状况

校园篮球和竞技篮球相比,在球技上缺少看点,更偏向趣味性和文化性,更容易吸引青少年的关注。校园篮球作为一种充满活力的运动,能够激发学生的热情,在集体中引起情感共鸣。在此对当前我国校园篮球运动教学的发展状况进行分析,具体包括以下几个方面。

(一)社会发展环境

在我国篮球运动有着雄厚的群众参与基础,目前我国篮球运动人口数已经有近两亿人。学校组建篮球队,篮球运动逐渐成为学生健身运动主要锻炼手段,校园篮球得到了广泛的开展。

随着我国体育事业的快速发展,篮球运动得到了国家的重视和关注。国家对校园篮球设施进行了持续性投入和建设,鼓励社会各界力量积极对校园篮球运动进行投资,全面建设篮球运动良好的社会发展环境,重点对学校篮球运动的普及与推广进行加强。就整体发展而言,篮球运动在我国有着肥沃的发展土壤以及良好的社会发展背景。

（二）体教结合

早在 2014 年，NBA 中国便和我国教育部形成了战略合作伙伴关系，旨在全面推进篮球运动在我国中小学中的普及，其除了举办与此相关的联赛外，还为来自全国的体育老师进行了篮球教学培训，旨在提升篮球教学水平，提高教师队伍的整体专业素质。

教育部和 NBA 中国联合发布了全国中小学校园篮球教学指南——《训练指导手册》（以下简称《手册》）和相应的训练指导视频，并依托业余体校与人才基地、学校共同培育体育后备人才，初步形成"校为基础、互促共融、资源共享、人才共育、特色共建"的工作机制。充分发挥体校的作用，进一步加强篮球项目的申报创建工作，加强基础设施建设，营造良好的体教结合环境。

此外，中国篮球协会篮球学院将创立义务教育、中等教育、高等教育一体贯通的精品办学模式，开展学历学位教育和高端培训，创新模式培养各类优秀篮球人才，吸纳国内外著名专家、学者为中国篮球运动发展提供智力支撑，积极参与学校、社会篮球运动的普及。

（三）内容创新

篮球运动有着非常显著的教育功能，在体育教学大纲中也有体现。篮球运动教学的本质功能就是要促使学生身心素质得以全面提高，并进一步丰富学生的课余文化生活。

篮球运动发展的重要基础就是篮球活动本身。教育主管部门是校园篮球运动的总指挥，应制订校园篮球运动计划，以提高学生身体素质为目标，举办大型篮球竞赛活动，积极组织学生参加国家各类篮球比赛。

我国各地区学校的体育课程中都设有篮球科目，基本上可以满足大多数学生对篮球运动的学习需求。目前这些课程的教学大纲以学校自行编写的教学大纲为主，基本上每学期设置 36 个学时，教学方法多采用传统的教学方法。

这些年来，在篮球运动教学发展方面，我国已经获得了非常显著的成果，为我国篮球运动的更好发展以及篮球运动员的招生选材创造了更为广阔的空间。

随着我国篮球运动教学的不断发展，学校中参与篮球运动的学生人数越来越多，越来越多的学生形成了良好的运动习惯。篮球运动不仅属于学校体育课程的一项重要教学内容，还是学校球类运动俱乐部的重要项目，也是校际运动比赛的重要项目。

篮球基层组织的广泛存在为篮球运动在学校中的普及、推广以及可持续发展奠定了良好的发展基础，同时也为我国篮球运动事业走向辉煌培养和输送了一大批高水平的优秀篮球运动后备人才。

除了举办学校之间的比赛，还可以举办学校与政府、企业之间的篮球联谊比赛，积极推进学校与政府部门、企业的沟通和交流。学校内也可以开展贴近生活的群众趣味篮球运动会，促进群众篮球运动的蓬勃发展。

三、当前我国校园篮球运动教学的现状分析

（一）教学指导思想分析

学校体育教育的目的与基本思想是增强学生体质，培养学生"终身体育"的意识，使其成为身心全面发展、适应社会需要的人才。篮球教学作为学校体育教育的重要组成部分，也承担着重要责任。

在我国校园篮球运动教学中，一方面，"三步上篮"技术的学习一直是不同年级、学校的篮球课考核内容，学生在篮球课上只是进行枯燥的"传球""运球""投篮"等练习，校园篮球运动教学缺乏趣味性和新颖性；另一方面，教师只是单纯的讲授技术知识，忽略了对学生体育意识、体育习惯的教学，使得学生在走出课堂、走出校园进入社会后，很难养成"终身体育"的习惯，不能长久坚持篮球锻炼，校园篮球运动教学促进学生身心健康的持续发展的教学目标很难实现。

"以人为本""健康第一""终身体育"等是我国体育教学的指导思想，但现实情况是这些教学指导思想根本没有得到真正的落实，学生不能通过篮球运动教学对篮球有一个全面而深入的了解。校园篮球运动教学传统的教学方法、以技术教学为中心的体育教学理念等教学现状严重减弱了篮球的娱乐性、知识性。在校园篮球运动教学过程中，学生体验不到篮球的真正内涵，体会不到篮球运动中团结、坚强的精神，这不利于学校体育教育最终目标的实现，也不利于学生全面素质的发展。

（二）教学内容与方法分析

相对于中学时期的篮球运动教学而言，大学时期的篮球运动教学课程并没有

新的突破。对于很多学生而言，进行课堂学习在大多时候都是在重复早已掌握的各种技战术，而没有机会学习新的篮球知识和技术动作。

目前，我国校园篮球运动教学存在重实践、轻理论的现象。一般情况下，教师经过简要的篮球理论介绍后就开始对学生进行技术训练，这种带有偏见的教学在一定程度上弱化了对篮球理论知识、技战术知识、裁判知识的教学，致使校园篮球运动教学存在缺陷。当前学生迫切需要的是篮球运动理论教学与技术教学相结合，篮球技战术教学与学生兴趣爱好结合，适当添加篮球游戏、篮球赛事欣赏等多元化元素的教学。

由于受到诸多条件的限制，传统的教学方法造成校园篮球技战术教学的内容枯燥而乏味，难以有效激发学生的学习兴趣，这在一定程度上限制了学生的思维和想象力，影响了学生个性的发展，进而影响和制约了校园篮球运动教学的发展。因此，当前的校园篮球运动教学应顺应时代发展的需要，探求最新的篮球运动教学理念，科学合理地安排和选择校园篮球运动教学的内容与方法。

（三）教学模式分析

我国校园篮球运动教学中，运动训练理念和教学理念混淆的现象普遍存在。目前，我国校园篮球教学当中都渗透着运动训练理念，一般的篮球运动教学是教师先将篮球教学分成运球、传球、投篮比赛等几个环节，逐一讲解和示范篮球技术动作，然后学生进行练习。整个教学模式单调乏味，难以调动学生学习的积极性，难以促进学生轻松自在地完成学习任务，难以使学生在娱乐身心的体验中掌握篮球教学内容，造成学生反复练习但在实战中不能灵活应用的结果，不利于培养学生的独立性思维和创造性思维。在实际的教学过程中，学生学习的主动性和积极性不高，教学效果不尽如人意。

四、当前我国校园篮球运动教学存在的问题

（一）教学目标不明确

在篮球运动教学发展过程中，对于教学目标的定位尚未明确成为对其发展产生阻碍的重要因素之一。

长期以来，我国竞技体育的发展一直优于大众体育以及体育教育的发展。竞

技体育的发展之所以比较良好,是因为其管理体制与运营机制符合我国社会的基本国情。我国的体育教育与竞技体育相比,自身存在一定问题。在校园篮球运动教学过程当中,教学训练与接受教育一直不能够实现良好的共存。一方面表现为学生与学校都更加重视文化课的学习,另一方面表现为篮球教学并没有一个具体的教学目标与最终任务。这种篮球运动教学目标的不明确成为校园篮球运动教学发展中一个重要的制约因素。

(二)教学内容单一

校园篮球运动教学内容主要局限在传球练习、运球练习以及投篮练习等方面,教学过程出现了程序化问题,学生主体参与意识不够,校园篮球运动教学推动学生身心全面发展的教学目标将很难实现。

作为集体性运动项目,篮球运动具有对抗性和竞技性等特征。篮球运动教学内容方面,很多教师都将其局限在对篮球技术的学习和练习方面,而对于篮球理论知识和技战术理论没有进行重点讲解,没有充分展示出篮球运动所具有的竞技性和娱乐性,这使得学生的学习兴趣很难被充分地激发出来。

(三)硬件师资不健全

目前,我国部分校园篮球运动的发展还受到经济水平的制约,表现为发展经费不足,资金来源较为单一、缺乏健全的后勤保障体系等。同时,由于经济条件的制约,一些学校的篮球教学设施与场地较为落后。

作为校园体育教学的主导者,教师在体育教学当中的作用是至关重要的。目前,我国校园篮球运动的教练一般是由体育教师担任的。这些体育教师虽然是体育院校出身,且具有一定的体育理论知识素养,但是所参加的体育比赛很少,实战经验不足,这就造成了篮球运动训练比赛的实践教学方法的欠缺。然而,把一些专业篮球运动员引进到校园篮球教学中的设想又无法落实。这主要是由于专业篮球运动员的篮球实践经验虽然丰富,但是没有必要的教师专业素养。

(四)教学理念与模式老旧

在校园篮球运动教学理念方面,"以人为本""终身体育"等教学理念还不够深入,并没有在篮球运动的教学实践活动中明显表现出来。目前,我国各大校园中的篮球运动教学仍采用传统的教学方法，坚持以技术教学为中心的体育教学理念。这样就使得篮球运动的知识性与娱乐性等特征在篮球运动教学中很难体现出来，导致学生在篮球学习过程中不能够体会到篮球运动的真正内涵，学习不到篮球运动中团结拼搏的体育精神。

此外，我国校园篮球运动教学的教学问题还在于篮球运动教学模式单调。我国校园篮球运动教学模式相比以往并没有发生实质性改变，在教学思维方面依然存在着过去教学模式的劣势，依然没有打破以技术教学为核心的老格局。在日常训练中，过于重视篮球运动有关动作的机械重复，没有重点培养学生的创新意识，无法高效发挥学生独立思考的能力。

（五）教学管理和教学评价不合理

从教学管理方面来说，部分学校领导和篮球运动教学工作者缺乏管理经验，通常由体育协会负责管理和指导学校篮球运动教学管理工作和篮球人才培养管理工作。在学校领导的带领下，体育教研组长负责实施具体工作，学校、教师、学生作为不同的行为主体，有各自不同的教学目标和任务，三者之间尚未形成对社会所需实用性全面人才的教学目标。

在传统的体育教学方式与理念下，教学评价的片面性打消了学生体育运动的积极性与热情，这也在一定程度上影响了校园篮球的教学。

目前，部分学校的教学评价仍然采用终结性评价的方式，从而使得教学评价缺乏一定的科学性，并且很难使学生在学习实践中发挥自身的主体性作用。教学评价的不合理主要体现在以下两个方面。

第一，篮球运动教学的终结性评价偏重于对学生达标结果的考核，而轻视对学生的情绪表现、学习态度等方面的评价。这就导致一些学生虽然能够学习到篮球技战术等方面的知识，但没有取得理想的成绩；还有一些学生虽然在考试当中取得了好成绩，但是并没有学到真正有用的知识。因此，这种教学评价的方式与体系并没有客观地评价出学生真实的学习情况。

第二，终结性评价的教学评价方式使教师在进行篮球运动教学的考核时过于注重学生掌握教学内容的最终结果，而忽略了学生的学习过程。这样就在一定程度上影响了学生学习的积极主动性。

（六）教学训练不科学

校园篮球运动教学中的训练由于训练强度、训练时间、训练恢复、训练方法、训练检测方面存在问题，训练时间不足、训练方法滞后、训练强度低，并没有获得应有的训练效果。

校园篮球运动通常会采用较为常见的训练手段和训练方法，技战术训练是其中主要的训练内容。在体能训练方面，学生结合自身实际主动完成训练。

第二节 校园篮球运动教学的基本任务与目标导向

篮球运动是一项综合性的体育项目，需要团队的配合，将竞技性、趣味性和健身性融为一体，受到学生的喜爱和追捧。NBA掀起的篮球时尚热潮席卷全球，篮球运动逐渐走进校园，成为学校最普及的运动项目之一。经过一段时间的发展，校园篮球文化逐渐建立和形成了良好的氛围，极大丰富了学生的校园文化生活。篮球课程是学校体育课程的重要内容，不仅可以锻炼学生的身体，培养学生良好的心理素质，磨炼他们的意志品质，而且可以训练学生努力拼搏的意识和团队合作能力，对学生的身体素质和心理素质都产生了积极影响。

一、篮球运动教学任务与目标制定的依据

篮球运动教学的开展需要相应的教学任务与目标来进行引导，而制定篮球运动教学任务与目标的依据如下。

（一）以学生的生长发育规律为依据

对于篮球运动教学来说，学生的生长发育规律在其中发挥着非常重要的作用。在学生生长发育过程中，存在几个敏感期，在这些敏感期中来培养篮球相关素质有着非常重要的作用，只有抓住这几个敏感期才能够获得事半功倍的效果。调查研究发现，按照我国国民的生长发育规律，各项素质发展的高峰主要集中在学生时期，尤其是大学时期。因此，在篮球运动教学过程中应该根据学生的生长发育规律制订更加系统、合理、科学的篮球运动教学计划，从而让学生受益终身，这也是篮球运动教学的根本目标。

（二）以学生参与篮球运动的兴趣为依据

为了获得篮球运动教学的理想效果，篮球运动教学必须吸引学生的关注，促使学生参与篮球运动的积极性和兴趣得以快速提高。要想促使学生的学习兴趣不断提高，就必须结合学生生理、心理和智力特点，很好地将篮球运动的趣味性、目的性、对抗性等融合起来，使学生逐渐掌握篮球运动知识，从而获得参与篮球运动的基本能力。

（三）以促进学生综合素质的全面发展为依据

除了促使学生掌握相应的篮球运动技能外，篮球运动教学还能够促使学生的综合素质全面发展，具体表现在以下几方面。

1. 德育方面

篮球运动要求学生将内在和外在的障碍都克服掉，培养自身坚定的品质以及顽强的意志，不管今后遇到怎样的困难，都要严格遵守道德准则和规范，努力实现自己的目标。

2. 智育方面

篮球运动要求学生具有良好的判断、分析、思维、想象的能力，让学生的智力得到很好的开发。

3. 美育方面

篮球运动在对学生鉴赏能力、感受能力、创造能力和表现能力等方面的培养时刻都在发挥作用，因此在制定篮球运动教学任务时应该考虑选择合理的教学内容，使其在美育方面得到更好的发展。

二、篮球运动教学任务与目标制定的程序

通常来说，制定篮球运动教学任务与目标要按照以下程序进行。

（一）了解教学对象

学习需要就是学生在学习态度、学习成绩等方面的现状与篮球运动教学任务之间所存在的差距。对教学对象的能力和条件进行分析和了解，主要是对学生的运动技能、体能、篮球知识等方面所具备的能力和条件进行了解。只有在对学生

的学习需要与能力条件认真分析和进一步了解的基础上，才能制定出合理的篮球运动教学任务与目标。

（二）分析教学内容

在对篮球运动教学任务和目标进行制定时，要认真分析篮球运动教学内容的特点和功能，这主要是因为篮球运动教学具体目标和任务的设定同具体的篮球运动教学内容有着非常密切的联系。篮球运动教学内容不同，其所具有的特点和功能也就不相同，没有无任务与目标的篮球运动教学内容，也没有无教学内容的篮球运动教学任务与目标。

（三）编制教学任务与目标

篮球运动教学的任务与目标是对篮球运动教学活动的设计、实施和评价进行指导的基本依据。对于篮球运动教学活动来说，篮球运动教学任务与目标具有导向、指引、调控、操作和测评的作用。因此，应根据这些作用对篮球运动教学任务与目标进行编制。

三、现代篮球运动教学的具体任务与目标

（一）重视突出篮球运动竞技性特点

现阶段，校园篮球运动教学更加重视突出篮球运动的竞技性特点，重视在发展学生身体素质的基础上提高其竞技实力。重视突出篮球运动竞技性特点主要体现在以下几方面。

1. 高度和灵活度的结合

高度与灵活度的结合是校园篮球运动发展的一个趋势。在现代篮球运动中，运动员的身高影响其攻防转换速度，这就要求校园篮球队在选拔和训练学生时不仅重视平均身高，还应对高大队员的素质提出更高的要求，即要求运动员提高滞空能力，同时强化力量和弹跳能力，将弹跳力、敏捷的奔跑速度、精湛的篮球技术和技巧融于一体。在此基础上，还要突出"灵活性"，争取向高中有灵、高中有巧的方向发展。

2. 速度和准确度的结合

由于篮球规则对进攻时间的限制越来越大，进攻时间越来越短。这就意味着比赛的速度也会越来越快。另外，战术的变化也在一定程度上要求速度的提高。此外，篮球运动过程中还十分强调攻守的快速转换，要求队员之间默契配合，重视反击，增多投篮次数。这种高速度、高强度、高投篮率都要求速度和准确度的结合。在保证速度有节奏的、有条件的同时，还要注意准确度的提高，只有准确度有了保证，才有可能取得好的成绩，才有可能取得比赛的胜利。根据这一趋势，在今后的训练中要增加投篮和抢投的练习，力争在快速的攻防转换中得分。

3. 技术全面和特长的结合

现代篮球高强度的对抗要求运动员的技术尽可能地全面，不能出现明显的短板，这将是校园篮球运动未来的一大发展趋势，也是校园篮球对运动员的要求。此外，运动员在技术全面的同时还要有特长技术，就是要求其在技术全面，能里能外、能快能缓地适应战术调整的同时，还应具有在某一项技术上异于常人的本领，形成个人的特长技术。

4. 凶悍和智谋的结合

凶悍和智谋是校园篮球运动发展的新观念、新趋势。一方有胆识、有毅力、有勇气地与另一方的对抗是攻守对抗日趋激烈的重要体现，也是现代篮球运动的特点之一。对抗的胜利决定比赛的胜利。此外，很多学校的篮球队在拼斗凶悍的基础上，也重视"智谋"的训练和比拼，这也是同样重要的。

5. 常规和创新的结合

创新是事物向前发展的灵魂，也是校园篮球发展的突出特点与趋势。篮球运动的发展过程是一个不断继承与创新的过程。校园篮球运动的技战术都要随时代的发展而不断创新，只有不断进行创新，才能突破校园篮球运动发展的各种障碍，才能促进学生篮球运动水平的提高和个人篮球技战术风格的形成，才能使校园篮球运动充满活力，获得更加快速的发展。除了创新外，对于优秀的常规技战术也要进行保留，只有将创新与常规相结合，才能推动校园篮球运动教学的良性发展。

（二）培养学生的创新意识与创造能力

培养学生的创新意识与创造能力是篮球运动教学过程中非常重要的一项教学任务。篮球运动是一项创造性活动，在运用篮球运动技战术时，学生的运动能力具有明显的复杂性、多变性以及灵活性。因此，篮球运动教学必须具有培养学生的创新意识和创造能力的作用。

（三）促进学生集体主义精神与意志品质的形成

作为一项集体型的对抗性运动项目，篮球运动的参与者需要具备集体主义精神与意志品质。通过篮球运动教学与竞赛能够较好地培养学生坚强的意志品质，使学生形成自己的世界观、人生观以及价值观。篮球的教学过程是一个能够较好地完成人才的培养的教育过程。因此，在篮球运动教学过程中，应该重视对学生集体主义精神与勇敢拼搏的意志品质的培养。

（四）以篮球文化传播促进教学发展

1. 培养学生终身体育意识

在教学活动中，学生的学习应该是一个主动、能动的学习过程，这一过程具有自主性、互动性和开放性的特点。具体来说，在参与篮球活动的过程中，学生可以结识具有同样兴趣爱好的学生，这对于其扩大自己的交际圈、培养自己的人际交往能力具有重要的作用。此外，通过与他人（尤其是志同道合的人）接触，学生可以学习对方的优秀品质，对自身进行积极学习、提升自我、挑战自我以及积极创新具有重要的促进作用。因此，篮球运动不仅能增强学生的身体素质、提高学生的运动能力，还能在学生进入社会后使其继续受益。教师在教学中应让学生充分认识到这一点，以促进其将篮球运动作为一项终身受用的运动来学习，引导学生树立正确的体育价值观，使学生终身受益。

2. 倡导学生形成健康的生活方式

现代篮球运动教学应使学生养成健康的生活方式。近年来，在 NBA、CBA 以及学生超级联赛等一系列赛事的影响下，学生参与篮球运动的人数越来越多，学生对篮球运动与自身健康生活方式的形成之间的关系认识日渐清晰，即从事篮球运动有利于形成健康的生活方式。在校园篮球教学中，教师重视篮球文化的传播能使学生的体育锻炼和行为规范化、常态化，有利于学生的身心健康和良好生活方式的形成，对当代学生的健康成长具有重要作用。

3. 提升学生的人文素养

实践表明，现代文化可以起到分界线的作用，能表达组织成员对组织的认同感、重视组织利益，有助于增强组织的稳定性，引导和塑造成员的良好态度。篮球文化是篮球运动的重要组成部分，学生通过学习篮球运动能受到篮球文化的影响，这种影响是潜在的，也是非常重要的，特别是对学生的行为习惯的养成具有重要的促进作用。具体来说，在篮球教学中，教师应重视对篮球文化知识的详细阐述和介绍，使学生更加深入地认识篮球运动中所蕴含的合作精神、竞争精神、拼搏精神和民族精神，使学生通过学习篮球运动来养成积极向上、遵守规则、热爱民族和国家的优秀品格。

此外，在日常篮球运动教学实践中，学生通过身体的各种练习以及与篮球相关的各种活动，可以在加深对篮球运动理解和认识的基础上，形成正确的运动观和价值观，使学生提升自身的人文素养。例如，优秀运动员的拼搏精神、严谨作风、顽强毅力、民族气节等。

4. 将篮球文化内化为自我价值

促使学生将篮球文化内化为自我价值，让学生形成自我主动学习的习惯是我国校园篮球运动教学的首要任务。

目前，很多学生对篮球知识了解较少，对篮球的认识存在着很大的局限性，仅会简单的篮球技术动作，这在一定程度上制约着校园篮球运动教学的发展。因此，现代篮球运动教学应重视引导学生学习篮球文化并将篮球文化内化，具体应做好以下两方面的工作。

一方面，体育教师应注重和合理安排篮球理论课，通过教学过程中系统、全面的讲解让学生了解篮球运动的发展历程及发展趋势，熟悉篮球运动基本技战术原理，并掌握篮球运动的相关医疗保健知识及裁判知识。

另一方面，在校园篮球运动教学中，教师应重视和充分发挥篮球运动教学的育人价值，让篮球文化内化为学生的自我价值，使学生通过学习篮球运动陶冶情操、磨炼意志，使学生塑造健全的人格。

（五）篮球教学过程中运动负荷的安排

1. 坚持适宜负荷原则

根据适宜负荷下机体的生物适应现象和过度负荷下机体的劣变现象，教学与训练课的负荷安排应该坚持适宜负荷原则，具体包括如下几点。

第一，有利于形成高水平的专项竞技能力。

第二，使运动员可以接受。

第三，能够促使运动员各种能力产生定向变化。

第四，训练负荷的量与强度要有适宜的比例。

第五，负荷安排的节奏要保证课与课之间衔接，能产生后续效应。

2. 科学探求负荷量度的临界值

运动个体负荷量度临界值的大小既随其发育程度、训练水平、竞技水平等较为稳定的状态的变化而变化，又受运动个体健康状况、日常休息、心理状态等因素的影响。因此，对运动负荷的测定和评价必须有充分的科学依据，应用科学的诊断方法准确地掌握负荷量度的临界值。当前，人们对负荷极限的认识还不够深入，在这种情况下，通常应注意留有余地，以避免出现运动损伤与过度疲劳的现象。

3. 科学安排教学与训练课的运动负荷

合理安排运动负荷对教学训练课的效果有着非常重要的作用。在对训练课计划进行制订时，要注意以下两点。

第一，训练内容要具备一定的难度和要求，能够成为促使学生机体能力提高的有效的刺激因素。

第二，采用的训练计划要同学生的训练水平和机能状态相适应。

此外，还要注意以下两方面。

一方面，在疲劳逐渐发展的条件下，保障训练也要达到一定的训练量，只有这样才能在达到极限负荷量的同时获得较好的训练效果。

另一方面，在出现明显疲劳的状态下，训练活动的持续时间不应太长，以免对运动员的技术训练水平和心理状态产生不良影响。

4. 体育课的负荷

国内外有关研究成果揭示：一般人健身的最佳强度应使心率在 120～140 次/分时的强度，而保持这一强度的时间应占每次锻炼总时间的 2/3 左右；心率在 110 次/分以下时，机体的血压、血液成分、尿蛋白和心电图等都没有明显的变化，健身的价值不大；心率在 130 次/分时，心脏的每搏输出量接近和达到一般人的最佳状态，健身效果明显；心率在 150 次/分时，心脏的每搏输出量开始出现缓慢下降；心率增加到160~170次/分，虽无不良的异常反映，但亦未能表现出更好的健身迹象。因此，通常把心率在110~150次/分的区间，确定为运动负荷有效价值域；把心率在120~140次/分的区间，确定为运动负荷最佳价值域。

中等强度加高密度是篮球运动教学的运动密度和强度趋势。为了使学生能够在愉快的氛围中得到更为充分的锻炼，促进身心健康得以全面发展，练习密度要能够达到50%~70%。这就需要教师精心备好课，讲解要精练、生动、简明扼要，示范要恰当、准确，不能将篮球课变成教师的讲解课或示范课，而应该留出足够的时间让学生进行锻炼。

四、篮球运动教学任务与目标的具体要求

（一）运用"理解教学法"

技术传授通常是传统的篮球运动教学观念和方法的侧重点，这就使得教师教学很自然地从技术动作开始，并遵循体育教学的一般规律和篮球运动的自身规律进行教学。这种方法是以教师、技术为中心的，但这种方法并不利于学生"终身体育"意识的培养。"理解教学法"则提出了用"游戏性比赛"来替代以技术为重点的教学方法，从而使得篮球运动教学的整个过程都始终充满乐趣。在游戏性比赛中，学生既能够对简单战术进行了解，也能够认识到为何对技术进行改进以及如何进行技术运用。当然，"理解教学法"的掌握需要较长的时间，教师要保持良好的敬业精神与职业道德。

（二）从实际出发

篮球运动教学往往会受到学校客观条件很大的影响，如学生人数较多、场地器材较少、学生篮球技术基础差异大等情况。教师要结合具体实际，对篮球课程进行合理安排，并对教学观念进行积极改变，对教学方法的改革进行探索，大胆运用"理解教学法"，使学生在比赛中学会篮球技战术。

在进行男女混合编班时，要根据性别、年龄和心理特点来进行有针对性地分组或分班。无法进行室外实践课教学时，无论选择哪些内容作为理论课教材，都要结合篮球特点，有针对性地组织教学。

另外，从实际出发的含义也包括，根据学生的不同类型来对教学进度和活动

形式进行安排，以促使每一个学生都能够获得参与活动的机会。因此，教师是根据体质、性别、体能、体形进行分组，还是根据兴趣爱好、技术水平进行分组；是进行混合分组还是根据性别进行分组，这些都要统筹兼顾。

（三）课内与课外结合

在篮球运动教学中，教师应注重将课堂内外的内容融为一体，充分利用课外体育活动和社会篮球活动的机会，以增加学生在篮球方面的接触时间。这样的做法有助于提高学生的篮球技能水平，并加深他们对"终身体育"理念的认识。参与课外活动能够为学生提供更多的选择，满足他们的不同需求，并发展个人特长；同时，课外活动还能够弥补课堂教学的不足，使得体育课对每个学生都更具意义。

（四）处理好各种教育、教学关系

篮球运动教学的任务直接决定了体育教师在教学工作中要正确处理好"终身体育"观念培养、"健康第一"思想贯彻同篮球技术的掌握、增强学生体质、趣味娱乐、课内课外、教学竞赛等方面的关系。其中，最为首要的就是将促使学生体质增强和学生"终身体育"观念培养放在重要位置上。篮球运动教学中，技术、技能的传授，既要强调增强体质，也要注意篮球运动的特点，使两者在练习过程中相统一。

第三节 校园篮球运动教学的实施过程与原则方法

在校园篮球运动教学中，篮球技战术教学工作有着举足轻重的作用，它对学生运动水平的提高、学生身体素质的培养以及学校体育教学的发展都有着十分重要的影响。下面将以篮球技战术教学为例具体讲解校园篮球运动教学的实施过程与原则方法。

一、篮球技战术教学实施过程

（一）篮球技术教学实施过程

首先，在篮球技能学习过程中，掌握正确的技术动作方法是至关重要的。正确的技术动作方法可以使学生在技术运用中更加得心应手。通过建立初步的动作表象和动力定型，学生可以形成稳定的动作模式，为日后技术的进一步发展奠定基础。教师在教学中不仅需要传授技术动作方法，还应向学生传授相关的理论知识。理论知识可以帮助学生深入理解技术动作的原理和要求，从而使其更好地掌握技术的关键点和细节。理论知识与动作表象的结合可以帮助学生将知识进行实际运用，提高技术应用水平。在教学过程中，教师还应注重向学生讲解技术动作对抗性的重要性。通过在训练中模拟实战场景，教师可以帮助学生感受到技术动作在实战中的意义和效果。对抗性训练可以调动学生的积极性和主动性，培养他们在比赛中的应变能力和对抗意识。通过对抗性训练，学生可以更好地理解技术动作所需的力量、速度、灵活性等要素，提高其在实战中的技术应用水平，帮助其建立初步的对抗意识。

其次，学会组合技术，提高初步运用能力，建立对抗概念。作为开放性运动技能，篮球技术的这一性质决定了其具有对抗性和组合性，因此要促使学生对组合技术进行掌握。学习组合技术是对篮球技能进行掌握的必然步骤。组合技术就是根据实战中技术运用的组合规律提炼出的结合性练习单元。它们可分为先后组合、同时组合和附加组合等，如运投组合、运传组合、接投组合和投突组合等。练习组合技术可促使动作相互之间的衔接更加合理，体会技术运用的速度、节奏以及攻防意义，学会初步运用。在这一阶段的练习中，可以增加假设对手的标志物或象征性对手，以使学生能够带着对抗的拼争意识进行练习，进一步强化其对抗意识，从而为接下来的实战对抗练习奠定良好的基础。

最后，在对抗练习中提高技术运用能力。在篮球教学中，对抗练习是至关重要的一环，是指让学生在掌握基础技术的基础上，通过实际对抗的方式进行练习。学生需要应对对手的干扰和限制，以精确和合理的方式运用所学技术。篮球技术的掌握与实战运用离不开长期的对抗练习。在篮球教学实践中，在处理对抗强度方面要严格遵循循序渐进的原则，分为在规定的对抗条件下练习、在消极攻守对抗条件下练习、在积极攻守对抗条件下练习和在教学比赛条件下练习等几种形式。无论采用哪种形式，都必须将技术的合理运用和实战对抗意识、对抗作风的培养有机结合，既要提高学生的技术运用水平，又要培养其坚强的意志品质。

（二）篮球战术教学实施过程

1. 认识战术概念并掌握战术方法

篮球战术教学首先要使学生对篮球战术的概念有一个正确的认知，并对战术配合的方法加以了解，促使学生逐步建立相应的战术意识。可采用直观演示手段并结合语言阐述使学生明确战术的名称、战术的阵势、配合的位置、移动的路线、配合的时机和行动的顺序等，重复演示重点配合环节，对学生的积极思维加以启发，促使学生对战术有一个更深的理解。

在篮球战术教学实践中，要按照以下步骤进行教学。

（1）教授基础配合战术

基础配合战术是构成全队战术的重要基础。在教授基础配合战术时，要根据战术构成的逻辑规律来对先后学习的顺序予以确定，通常来说要先教授主要的配合战术，然后再教授次要的配合战术。例如，策应配合是传切和掩护的综合形式，因此应先进行传切和掩护的教学；突分是掩护后的发展形式，因此应先进行掩护的教学；等等。

在具体的教学方法方面也要遵循由浅入深的原则，具体如下。

第一，对于配合的方法和路线的练习要在固定的、无干扰障碍的条件下进行。

第二，设置相应的建设性的对手或标志物，开展以简单对抗条件为背景的练习，建立队员之间的配合默契，同时改进配合性技术。

第三，进行消极攻守条件下的战术练习。

第四，进行积极攻守条件下的战术练习，促使学生对所学战术配合的运用能力得以提高。

（2）教授全队战术

全队战术的教学是在完成了基础配合战术教学的基础上进行的。首先，进行战术阵势、运用时机和配合路线等理论知识的教学；其次，在消极攻守条件下进行配合练习；最后，在积极攻守对抗的条件下进行实战练习。

2. 培养攻守转换和战术综合运用能力

在对篮球基础配合战术和全队战术方法进行学习和掌握之后，学生要结合具体的篮球实战比赛来进行攻守转手和各种战术组合的练习，其目的是培养自身的攻守转换意识和灵活运用战术的能力。

在现代篮球运动教学中，攻守转换意识是特别强调和培养的重要内容，也是进行快速进攻和攻势防御的前提条件。在日常教学训练中，攻守转换意识的培养要坚持不懈地进行，使学生养成自觉的意识和行动，在比赛中自觉地加快攻守转换的速度，争取比赛的主动权。

在运用战术时，要根据具体实战比赛双方的情况选择采用不同的战术组合，以己之长、攻彼之短，这样才能掌握比赛的主动权。因此，对多种战术组合运用的方法进行掌握是非常重要的。

3.在比赛中运用战术以提高应变能力

实战比赛是战术练习的最高形式。教师在比赛之前要提出比赛的具体战术要求，比赛之中要对战术运用的情况进行具体的指导，比赛结束之后要对成功的配合打法进行总结，找出失败的原因，提出改进的方法。

二、篮球技战术教学原则

（一）篮球技战术应遵循的教学原则

教学原则是对教学规律和所学内容本身规律的总结和概括。对于篮球运动来讲，遵循教学原则是教师按照篮球教学规律合理组织教学活动的一种表现形式。篮球技战术教学原则可以分为一般原则和专业原则。

1.一般教学原则

（1）直观性原则

直观性原则是指在教学过程中，教师利用学生的感官和已有的知识或经验，通过各种简单的途径引导学生形成所学事物、过程的清晰表象，丰富他们的感性知识，使学生对篮球技战术的动作表象和感觉进行了解和认识，并将这些内容与积极的思维相结合，使学生能够正确理解书本知识和发展认识能力，进而使学生更好地掌握篮球技战术。

动作示范、沙盘演示、图片、电影、录像等是篮球运动教学实践中运用较为广泛的直观教学方式。教师在篮球运动教学中贯彻直观性原则时，应注意明确教学目的，选择合适的教学方法，最大限度地激发学生的学习积极性和创造性。

(2) 渐进性原则

渐进性原则又称"系统性原则",它是指在教学过程中,教师按照学科的逻辑系统和学生的认知规律组织教学活动,即在由简单到复杂、由低级到高级、由单一向综合发展等规律的指导下,使学生循序渐进地掌握关于篮球的基本知识、基本技术和战术配合,从而形成严密的逻辑思维。

在篮球运动教学实践中,教师应系统地安排教学内容,科学合理地安排运动负荷,在进行篮球运动的知识、技能教学时,要由简入繁、由浅入深、由表及里地组织教学活动,以使学生逐步掌握理论知识和运动技能。

(3) 主动性原则

主动性原则是指在教学过程中,教师通过采取各种有效措施和手段充分调动、启发学生的学习主动性,引导学生自主学习、刻苦练习、勇于探索,增强他们对篮球理论、技术、战术等内容的学习的主动性,以取得最佳的学习效果。

在篮球运动教学实践中,学生是学习的主体,教师是教学过程中的引导者。因此,在篮球运动教学活动中,激发学生学习的内部动力,贯彻主动性原则是十分有必要的,这有助于提高学生观察问题、分析问题和解决问题的能力。

(4) 对抗性原则

篮球运动对抗性和开放性的特点决定了在篮球运动教学中必须把实战对抗能力放在十分重要的地位。在篮球运动中,进攻与防守的对抗贯穿始终,攻守对抗和攻守转化构成了篮球运动的核心。在教学中贯彻对抗性原则是很重要的,没有攻守对抗就没有激烈的竞争场面,攻守对抗的发展是推动篮球运动向着快速、激烈的方向发展的主要动力。没有攻守的直接对抗和相互制约,也就没有篮球运动。要在篮球技战术教学过程中遵循对抗性原则,有以下几方面需要注意。

第一,深入研究攻守对抗和转化的规律对于篮球运动教学有着重要的指导意义。攻防本身就是相互制约相互发展的,没有进攻也就无所谓防守,没有防守也就无所谓进攻,两者是一个辩证统一的整体。

第二,在对篮球运动教学进度与计划进行编制时,有关篮球进攻的教学内容和篮球防守的教学内容之间的关系要进行恰当的处理。在对篮球教学方法进行设计时,在学生对单项技术有了基本的掌握后,应尽量采取综合化的练习方法,以进攻来对防守进行制约，不断提高防守技术，或以防守技术来对进攻技术进行制约，不断提高进攻技术。

第三，真正实用的技术是在攻守对抗中掌握的技术。有意识地提高攻守对抗强度，是提高篮球运动教学质量的重要方面。

（5）自觉积极性原则

在篮球运动教学过程中，提高教学质量的根本条件既不是单纯地发挥教师的主导作用，也不是单纯地调动学生学习的自觉积极性，而是将二者充分结合。自觉积极性原则的贯彻要做到以下几点。

第一，教师充分发挥主导作用的基础条件是深入了解和熟悉学生。这就要求教师必须对学生的特点与概况、需要与特长有一定的了解。在篮球教学过程中，师生关系中的主导者是体育教师，体育教师要积极主动地熟悉和关心学生，只有这样才能充分调动学生学习篮球的积极性。

教师只有发挥自身的主导作用，才能有效提高学生的积极参与性。在篮球教学过程中，教师的主导作用主要表现在以下两方面。

一方面，教师运用指导法、讲解法、组织教学法等引导学生的注意力集中到篮球运动教学内容上。

另一方面，教师积极主动地为学生提供一个良好的外部条件，使外因顺利地向内因转化，从而将学生的自觉积极性充分调动起来。

第二，培养学生自学、自练、自评的能力以及学习的内在动力。学生自学、自练、自评的能力是其参与篮球锻炼的重要基础。教师应为学生自学、自练、自评能力的培养与发展创设一个良好的外部环境，让学生主动地进行学习和锻炼。

学生积极参与篮球学习与锻炼的内在驱动力就是学习篮球的内在动力。教师应采取有效措施来促进教学的艺术性和启发性不断提高，从而促进学生学习动机和兴趣的培养。学生积极提高自身的学习动机有利于发挥自身的主体作用。

第三，建立和谐的师生关系。篮球运动教学过程中，教师在传授知识的同时还要对学生严格要求，并对学生做到热情的关心与充分的信任，这样才能促进师生关系的和谐。和谐的师生关系有利于提高学生参与篮球学习的自觉性。

（6）因材施教原则

篮球运动教学过程中，体育教师"教"的对象是全体学生，教师会对全体学生提出统一的教学要求,但是教师也要注意每个学生的身体素质与能力水平是有差异的。因此,教师要重视针对个别学生的"教",也就是要贯彻因材施教的原则,具体要从以下几方面加以注意。

第一,坚持从客观实际出发。教师因材施教的前提条件是对学生的身体素质与个体差异进行全面了解。教师全面了解学生的主要途径是调查研究,调查的主要内容是学生对篮球的兴趣、身体素质等基本情况。只有了解学生的这些情况,认识到学生之间的差异,才能更好地做到因材施教。

学校的客观条件是篮球运动教学中贯彻因材施教原则需要考虑的因素。其中,对篮球运动教学产生影响的因素有季节、地区、场地器材设备条件等。在制定篮球教学目标时,教师需要综合考虑教材、学生特点、组织教法以及上述各方面的客观条件,以更好地贯彻因材施教原则。

第二,从整体上把握。在篮球运动教学中,教师努力的目标是全体学生篮球运动技能的提高与发展。篮球运动教学计划、教学目标和教学要求应符合大多数学生的实际能力,还要兼顾身体素质较好、篮球技能较高和素质较差的两类学生。努力为第一类学生创造更好的条件,鼓励他们积极参加课余篮球训练,努力提高专项成绩。与此同时,要热情、耐心地帮助素质较差的学生,使他们在原有的基础上逐步提高篮球技战术水平,完成篮球运动教学的要求。

(7) 巩固提高原则

根据遗忘规律和运动条件反射建立与消退的理论,学生学到的知识与技能在一段时间内,如果不经常复习就会遗忘或消退。另外,根据"用进废退"原理,学生对所学习的篮球技能进行反复练习有助于发展运动能力、身体素质和生理机能,起到强身健体的作用。因此,要注意巩固提高所学到的篮球知识和运动技能。遵循巩固提高原则需要做到以下几点。

第一,利用讲解、示范、练习、提问、评价等方式,保证师生间及时传递信息。根据信息有效性的原则,信息传递得越及时,损耗越小,信息的准确度越高,所产生的教学效果越好。另外,也可以通过提问、考查、竞赛等方式,巩固提高体育知识、技术和技能。

第二,增加运动密度和动作重复的次数,反复强化,不断巩固运动条件反射,提高技术水平、身体素质和运动能力。

第三，教师要给学生布置适量的课外篮球作业或家庭篮球作业，将课内课外结合起来，达到巩固提高的目的。

第四，不断提出新的学习目标，培养学生篮球运动的兴趣和进取动机。

（8）身体全面发展原则

在篮球运动教学过程中，促进学生全面协调发展的基础是选择和安排全面多样的教学内容，指导学生进行全面的身体锻炼。只有这样，学生身体的各个部位才可以得到全方位的发展。身体全面发展原则的贯彻要做到以下几点。

第一，对篮球教学大纲提出的教学目标和教学要求进行综合贯彻。在篮球教学中，要使学生积极地学习国家所颁布的篮球教学大纲的精神，自觉遵循篮球教学大纲所提出的要求与目标。为了更好地制订篮球教学计划，保证学生身体素质能够得到全面发展，体育教师要注意合理搭配篮球教材。

第二，在课堂教学过程中应始终贯彻身体全面发展的原则。在篮球运动教学中，应始终贯彻身体全面发展的原则。

一节贯彻身体全面发展原则的理想篮球课教学包括以下几个部分。

一是篮球课的准备部分，加强学生全身各部位肌肉、关节、韧带的活动，让学生充分伸展各个肢体，为完成篮球课的目标奠定基础。

二是篮球课的基本部分，要加强学生上肢与下肢的练习，全面并协调地发展学生的身体。

三是篮球课的结束部分，指导学生通过一系列活动来放松，并给学生布置课外篮球作业。

2. 专项教学原则

（1）技术动作与实战对抗相结合的原则

在篮球运动教学实践中，教师贯彻技术动作与实战对抗相结合的教学原则不仅有利于学生在学习篮球运动技能时建立起对抗的概念和技术实效的概念，还有利于学生将技术视为固定程序的身体操作，这主要是基于两方面的原因。一方面，从认知策略的角度上来说，篮球技术动作的学习与实战运用相结合发展，符合开放性运动技能教学特点。另一方面，篮球技能形成与发展的普遍规律就是在不断地适应和在实战中进行学习。因此，教师在教学过程中只有将学生篮球技术动作的学习与其实战能力的培养发展结合起来，才能为学生进一步的专项学习打好基础。

（2）技术个体化和因材施教的原则

作为篮球运动教学过程中的学习主体，学生的基本知识、行为习惯、身体素质、运动水平、理解能力、智力水平等都有所区别，即使是同一个学生在不同的学习阶段也会受各种因素的影响而导致学习能力不同。因此，在具体的学习过程中，学生"技术的规范化"的个体表现的差异性较大。这就要求教师在篮球运动教学中，应在规范化的基础上遵循篮球技术个体化原则，允许学生之间存在技术动作上的细微差别，使学生通过反复科学的练习，最终形成符合自身条件的动作。

在篮球运动教学实践中，教师应以学习对象的具体情况为主要依据，有针对性地选择适当的教学方法，认真对待每一个学生，做到因材施教。

（3）专门性知觉优先发展的原则

学生在学习篮球过程中的专门性知觉发展的过程就是对篮球运动环境和器材的感知过程。

在篮球运动教学实践中，优先发展学生手指、手腕对球的控制能力具有非常重要的意义和作用，有利于学生在学习开始时就对篮球有一个直观、全面的了解。为了确保学生正确掌握技术动作，教师可在篮球运动教学过程中进行大量的熟悉"球性"的练习，以帮助学生优先发展其专门性知觉，为基本技术的学习奠定基础。

（4）多样性与综合性原则

多样性与综合性原则的存在主要是由篮球运动的特点及其规律所决定的。篮球运动具有项目的集体性、技能的综合性、战术的应变性、比赛的对抗性、竞争性、游戏性等特点。它涵盖的内容和学习篮球获得的运动效果都是非常广泛的。因此，在教学中要兼顾多方面的内容，将篮球的价值最大化地发挥出来。所以，多样性与综合性原则是篮球运动教学的重要原则之一。

在教学中贯彻多样性与综合性原则时应注意以下几点。

首先，确保教学方法和组织形式的多样化，如在篮球传球技术的教学中，要根据现有的教学条件、教材内容的特点以及学生的具体实际，采用不同的组织形式和教学方法提高学生的学习兴趣和身心健康水平。

其次，教师应重视单个技术动作、组合技术和综合技术练习的结合运用。例如，在篮球运动教学中应重视运球、传球和投篮技术的结合，重视急停、转身等脚步动作与攻防战术的结合，重视动作规范化练习的同时也应注重组合技术和综合技术运用能力的提高。

再次，教师应将对学生技术、战术的教授和篮球意识的培养结合起来，将学生的身体锻炼和运动作风的培养结合起来，促进学生身心全面发展。

最后，教师在教学过程中还应积极创造条件，完善整个教学过程。

（5）少而精与实效性原则

贯彻少而精与实效性原则是指教师在篮球运动教学中应该抓住主要矛盾，组织教法尽量简单易行，不断提高教学的艺术性和实效性。

在篮球运动教学实践中，教师遵循少而精与实效性原则应做到以下几点。首先，教师要抓好篮球基本功和主要技术的教学，突出教学重点，使学生在掌握好篮球运动基本技术的基础上提高运用篮球技术的能力。其次，教学过程应以练为主，精讲多练。也就是说教师的讲解应尽量简明扼要，尽量让学生多进行实践练习。最后，设置教学目标，讲求教学效果。教学中要有明确的教学目标，且应将教学目标具体到每个学期、每个单元、每次课中。另外，教师还应重视对教学效果的检查和评估，及时改进教学方法，提高教学质量。

（二）篮球技术教学应遵循的原则

1. 引进教学负荷的教学原则

篮球技术的教学负荷指的是学生在学习篮球技术、技能的过程中，机体所承受的负荷刺激。教学负荷具有以下几方面的特点。

①篮球技术的教学负荷属于技能性负荷。

②篮球技术教学负荷的确定应按照两个依据，一是相应的技术动作的复杂性，二是学生的技能基础。

③对于学生而言，其篮球技术训练的教学负荷水平一般相对较小，为中等偏下水平。

④篮球技术教学负荷的构成特点是强度和量均处于中等偏小且较稳定的状态。

在篮球技术教学过程中，应注重教学负荷对学生的良好刺激作用和促进作用。如果学生的篮球技术不强，则在竞争和对抗强度较大的实际运动竞赛过程中很难发挥出相应的水平。因此，应注重教学负荷的安排，促进学生各项技术的全面发展。

2. 强调基本功训练的教学原则

在篮球技术教学过程中，应注重篮球基本功的教学。所谓篮球基本功是指在学习各项篮球技术之前，学生必须掌握的一些重要的专项基本能力。具体而言，这些专项基本能力具体表现在以下方面。

（1）眼睛的基本功

篮球运动要求"眼疾手快"，在运动中具有广阔的视野，眼睛的基本功主要是指学生利用眼角的余光扩大视野的能力。

（2）手臂的基本功

篮球运动中，投篮、传球、防守等各项技术都需要手臂功能的发挥，手臂基本功是指利用手指与手腕支配与控制球的能力。

（3）足部的基本功

篮球运动中的各种技术都需要足部功能的发挥，其包括两方面：一方面是脚步移动的变化能力；另一方面是身体重心移动的速度。

总而言之，上述的这些篮球技术的基本功是篮球技术学习的基本起点，掌握这些基本功对于篮球技术的学习和掌握具有重要的意义。

3. 强调基本动作准确性的教学原则

篮球运动的各项基本动作是篮球运动的基础，正是这些基本动作构成了篮球运动的基本环节，也正是这些基本动作构成了篮球的各种完整技术。

由于篮球基本动作与篮球完整技术之间具有密切关系，对篮球基本动作进行规范、合理的学习的重要性是显而易见的。篮球技术具有一定的多样性和复杂性，它既包括周期性成分，又包括非周期性成分。掌握复杂的篮球技术需要事先学习基本动作，具体而言，学生需要熟练各技术中基本动作完成的力度、幅度、顺序、速度、时机以及方向等。

4. 强调组合技术训练的教学原则

在篮球运动的实践过程中，篮球运动员需要进行多样化的动作组合，并根据实际比赛需要进行灵活应变。在篮球比赛中，如果运动员技术单一，就无法应对复杂多变的赛场环境，很难在比赛中赢得胜利。在篮球比赛中，如果运动员技术动作丰富多样，并且能够在比赛中综合有效利用，就能够更容易获得进攻和得分的机会，从而使得获胜的概率增加。

在篮球技术教学过程中，教师完成两个基本动作教学后，应该遵循篮球技术教学的循序渐进规律，着重对学生有球（无球）的组合技术训练进行科学的指导。在篮球技术教学中强调组合技术训练的教学原则具有重要的意义。强调组合技术训练的教学原则不仅能够促进学生掌握综合技术，还能够促进其形成综合技术运用意识。另外，强调组合技术训练的教学原则还能够促进学生熟练掌握单个技术。

（三）篮球战术教学应遵循的原则

在篮球比赛中，运动员通过合理、灵活地运用个人技术，形成个别运动员之间以及整体运动员之间的相互协调配合的组织形式和方法，这就是所谓的篮球战术。具体来说，运用篮球战术的主要目的是通过充分发挥本队的特长和优点制约对方的缺点和短处，以期争取比赛的胜利。在篮球战术中，运动员的能力是战术行动的实质，是最重要的。除此之外，形式是行动的外部表现，方法是行动的内在要求。

现代篮球战术教学必须符合现代篮球战术发展的方向，促进学生战术思想、战术意识的形成和发展，并提高其在运动比赛中对各项战术的实践和运用能力。在篮球战术教学中，要使学生了解人与球移动的路线、攻击点、运用时机以及变化等。校园篮球战术教学应遵循以下几个原则。

1. 长远性与近期性相结合的原则

在篮球比赛中，篮球战术的选择和设计要与篮球队长远的奋斗目标、指导思想联系起来，与阶段性、年度性的训练计划和近期的比赛任务联系起来，促进战术风格和打法的逐步形成。

2. 针对性与优化性相结合的原则

篮球比赛中，在设计相应的战术时，应有一定的目标，既要考虑攻防，还要使得自身的短处能够得到一定程度的弥补，做到"以己之长、攻彼之短"。既要使得各运动员的优势得到发挥，还要能够有效制约对方。

3. 原则性与机动性相结合的原则

原则性是指在比赛中，篮球队战术的变化都要以本队的战术打法为主，并在此基础上进行灵活的应变。机动性则是指，要发挥运动员在比赛中的主观能动性，根据运动比赛中的实际情况来完成相应的战术任务。机动作战要求运动员之间相互协作配合,而非个人随心所欲,需要融于战术的原则性之中,以求实效。

4.连续性与均衡性相结合的原则

所谓连续性,就是要求在设计篮球战术打法时,从整个比赛攻守动态的过程进行分析和考虑。例如,从篮球战术攻守过程的整体出发,在战术开始发动到结束的转换过程中,关于运动员位置的分布与移动的原则、各个环节之间的关系、强侧与弱侧、内线与外线、快与慢等,都要注意攻守的相对平衡,以便于转化;同时还需要注意战术的衔接和变化,以及战术在具体实施过程中的连续性,使战术合理有序进行。

三、篮球运动教学方法

篮球运动教学方法是指教师在篮球教学过程中,为引导学生达成一定的篮球教学目标而采取的一系列活动方法和手段的总称。教学方法的选择是否得当对篮球教学的质量和效果有很大的影响。选择正确的篮球运动教学方法可以激发学生的兴趣,激活他们的思维,提高他们锻炼的积极性;可以加快教学过程,取得较好的教学效果,这也反映了体育运动的特殊性和规律。

(一)篮球运动教学方法蕴含的特点

篮球运动教学方法主要包括传统教学方法和现代教学方法。传统的教学方法主要有讲解教学法、示范教学法、实践教学法、纠错教学法等。现代教学方法包括指导发现教学法、掌握学习教学法、程序性教学法、案例教学法、合作学习教学法等。

1.传统教学方法的特点

传统教学方法注重"教",强调以教师为主体。这种方法的理论基础是传统教学中的教学过程理论。目前教师常用的几种常规教学方法有演示法、讲解法、练习法和纠错法。

演示法主要是指教师通过各种视听媒体手段使学生直观地感知内容。在这种方法中,几乎没有学生的"主导"作用,只需教师准备好各种教学设备和材料,而学生则只需被动地学习。这种方法便于教师对教学进行管理,但在今天的教学理念中逐渐暴露出许多不足，它不能体现"以人为本""以学生为中心"的理念，不能充分调动学生的积极性。

在常规教学中，各种方法被结合使用。篮球运动教学是一个复杂多变的过程，在这个过程中，只有运用多种教学方法，才能使教学取得更好的效果。在传统的教学方法中，教师往往将演示法、讲解法和实践法相结合，使学生不仅能从听觉和视觉上感知篮球技术，还能通过亲身打篮球对篮球有更深刻的理解。此外，必须指出的是，各种方法的配合不是简单的组合，而是需要不断的实验测试，才能取得更好的教学效果，更快地完成教学任务。

2. 现代教学方法的特点

现代教学方法注重"学"，强调以学生为主体。与传统的教学方法相比，现代的教学方法更注重充分发挥学生的自主学习能力，提供给学生更多的机会去思考和探索知识和技能，教师只起辅助和引导作用。现代篮球运动教学方法的理论基础来源于现代科学理论中学习理论的研究成果。

换句话说，现代教学方法中，教师需要给学生一个大致的概念或一种学习篮球知识和技能的思维，然后学生需要充分发挥他们的主观能动性来学习知识和技能。如果学生在学习某一项技能的过程中遇到了长期无法克服的困难，教师会再次给予间接的指导。我们可以通过引导发现教学法、合作学习教学法等方法深入认识这一点。现代教学方法善于运用各种现代理论。这包括系统论、信息论、控制论等理论。

系统论是从系统的角度研究和转化客观对象的理论。该理论注重把事物作为一个高度联系的整体来看待，全面分析和探索事物的本质，追求效果的最优化。引导发现教学法的第一步是"教师对教材的改造和设置，同时学生也在进行预习和试解"，这深刻反映了该方法在系统论中的合理运用。这一步骤使教学系统中的教师、教材、学生和教学工具更加紧密地联系在一起，不会因为顺序的不同而产生脱节。

信息论是运用数理统计方法研究信息的测量、传递和转化的科学理论。这一理论可以深刻地反映在评价学生掌握学习方法的各种差异上。在程序教学法中，有两个步骤是"建立评价反馈系统"和"检查测验"，这两个步骤都需要不断运用信息论。

控制论是研究各种系统的调控规律的科学理论。指导探索教学方法中，"教师有目的地对所教授的教材进行改造"，掌握学习教学法中的"把教材内容分解成不同层次的目标体系"，以及在程序教学法中的"对能不能进行下一步学习的标准进行制定"都反映了控制论思想。

面对如此多的现代先进理论，只有结合实际需要，教师才能更好地利用它们。

（二）篮球运动教学方法的种类

1. 讲解法

讲解法是指在篮球运动教学中，教师要使用准确、简练的语言来分析技术动作的方法和要领、战术配合的方法和要求及运用过程中的注意事项等，从而使学生通过听讲对教学内容进行感知。

2. 演示法

演示法是指在教学中尝试进行技术动作的示范和战术配合方法的示范，运用幻灯、投影、挂图和录像等电子化媒体手段，使学生直观地感知教学内容。实践中的示范要与讲解互相配合，要正确选择示范的画面，示范的动作要正确。

3. 练习法

练习法是指在讲解和示范的基础上对学生的身体练习进行组织，是对掌握篮球技能一种非常有效的方法。根据练习的形式，可将练习法分为分解练习、完整练习、简单条件下的练习和复杂条件下的练习；根据篮球运动特点可分为个人技术练习、配合性练习和对抗性练习等。运动练习的方法要求实效，合理安排练习的强度、密度和运动量，使学生承受适当的运动生理负荷。

4. 纠错法

在练习过程中，学生不可避免地要出现错误的动作，教师必须及时地采取相应的措施进行纠正，此时要运用纠错法。教学实践中，教师应注意观察，及时发现学生的错误动作，分析产生错误的原因，寻找纠正方法。纠正时应针对具体情况，抓住主要矛盾，进一步分析动作和分别辅导，或采取辅助性的慢动作练习，以使学生尽快掌握正确动作。

5. 完整与分解相结合的教学方法

在篮球运动教学中，完整或分解的教学方法要根据不同的阶段和条件以及不同的对象进行选择和使用，但要注意将两者有效结合起来。一般来说，在对新工作进行开始学习时，要采用完整教学法，这样能够更好地保持动作的连贯性、完整性，以使学生能够形成整体概念。对于较复杂的动作、战术配合，则采取完整、分解结合法，如运球急停跳投技术，可分解为运球、运球急停、原地跳投练习，在此基础上再进行完整教学。在战术教学中，通常是先进行完整讲解示范，以使学生能够清楚布阵、移动路线、配合时机以及写作方法等，然后再进行分解教学和练习，从而使学生对整体战术配合进行逐步掌握。

上述教学方法是一个统一的体系，教学中应相互配合使用，单一地使用某种方法不能实现教学的整体功能。

（三）篮球技术教学方法

现代篮球技术教学方法是教师与学生为实现篮球运动教学与训练的目的所采取的途径和程序。在现代篮球技术教学与训练的实施过程中，必须以篮球运动的教学和训练任务、内容、对象特点以及条件等为依据，以篮球运动的教学原则为指导，合理运用教学方法以及教学手段。

1. 建立正确技术动作概念的方法

（1）示范法

示范法中，教师要准确规范地示范篮球技术动作，使学生在大脑中形成正确的技术动作表象。在运用示范法教学时注意以下几点。

①教师可充分利用图片、录像等各种直观教具进行技术动作的演示，直观教具的使用有利于正确技术动作和完整技术概念的形成，从而提高示范的效果。

②教师示范的位置及方向要根据学生的人数、队形以及球场的位置来确定，一般较多地采用侧面示范的方式，目的是让运动员对示范动作进行详细的观察。

③教师可先进行一次完整的动作示范，然后依据技术动作的具体结构和要求进行重点示范，有意识地把学生的注意力集中在技术动作的关键环节上。

（2）讲解法

在篮球技术教学中，教师在运用讲解法帮助学生建立正确的技术动作概念时应注意如下几点。

①要对所要讲解的范围、方法、内容与重要知识进行确定。

②按照一定的顺序讲解，即依次讲解动作名称、作用、技术结构、要领与关键、要求。

③讲解动作时方法要得当,既要概述完整概念,又要突出重点内容,不要一味地照着书本朗读,目的是使学生容易理解、熟记与掌握。

④讲解应简要化、形象化与生动化。

⑤运用语言法(比喻、想象等)进行启发性的讲解,也要注意循序渐进、深入浅出。

(3)尝试法

教师在完成讲解与示范后,可以指导学生尝试实践操作。学生在开始尝试做动作时,既可以做有球练习,也可以做无球练习,要注意密切联合视觉、听觉与本体感觉。通过指导,学生能够对篮球技术动作的运动感觉有所了解,为做出完整的技术动作奠定一定的基础。

在讲解、示范和尝试的过程中,听觉、视觉与知觉等外导系统起主要作用。这些外导系统能够帮助学生形成清晰准确的技术动作概念,并让他们在此基础上进行动作的练习,但这时学生动觉较差,调节和控制动作的感觉较弱。因此,教师要经常进行准确的动作示范,既可以先示范后讲解,也可以先讲解后示范,还可以运用示范与讲解相结合的方法。综合运用讲解、示范与尝试的方法能够使学生对技术动作要领有更深刻的体会,还有利于充分调动各感觉器官,促进正确技术动作概念的形成。

2. 准确技术动力定型形成的方法

教师指导学生进行练习时,要遵循由简至繁、由易至难、由近及远的练习原则,这样不仅能够帮助学生掌握规范的技术动作,还有利于正确技术动力定型的建立。教师可指导学生进行以下几种方法的练习。

(1)模仿动作练习法

在正确技术动作概念建立后,学生可进行模仿动作练习,模仿时注意要按技术动作的结构、顺序来进行,模仿动作练习具有以下两方面的意义。

①能够使学生体验完整的技术动作与运动时肌肉的整体感觉。

②提高学生理解技术动作概念的能力,从而有利于学生建立正确的动作表象。

(2)分解练习法

分解练习法就是在练习中按照一定的顺序,把完整的技术动作分为几个具体的环节,一个环节一个环节地进行练习。运用分解练习法的目的是使学生掌握技术动作的重点或难点。分解练习法要注意与完整练习法有效结合，二者的结合有利于正确技术动作定型的尽快形成。

（3）反复练习法

只有进行反复多次的练习，才能促进正确动力定型的逐步形成，才能更好地掌握篮球技术动作。采用反复练习法要注意以下几点。

①注意综合考虑学生的性别、年龄、身体状况、素质等因素，从这些实际条件出发选择正确的练习方法。

②在篮球技术动作的初级掌握阶段，不要对学生提出过多的技术要求。

③要反复练习重点技术动作。

④要从不同的方向采用完整练习法进行反复练习，提高学生对技术动作的理解能力，帮助学生形成正确的技术动作。

（4）个别练习法

教师有意识、有目的、有计划地纠正个别学生的错误技术动作时，通常采用个别练习法。每个学生的错误技术动作都不尽相同，因此要区别对待，采用个别练习法。

个别练习法的使用不宜占用太多的时间，教师要进行快与慢相结合的示范，重新帮助学生形成正确的技术动力定型，并加以巩固与提高。

3. 组合技术掌握的方法

（1）练习并掌握组合技术

学生对两个或两个以上的技术进行熟悉与掌握后，要注意正确衔接各个技术动作，练习篮球的组合技术。组合技术的练习有利于学生技术动力定型的巩固与提高，为学生运用组合技术做好充分的准备。

篮球技术属于综合性技术的一种，后一个动作需要连接前一个动作。衔接连贯、有节奏、省力与合理是篮球综合技术的基本要求，组合动作还要求动作协调与实效。

在练习组合动作的过程中，刚开始可进行原地或慢速度行进中的练习，然后逐步进行快速度的技术动作练习，并逐步增加组合技术的变化动作与数量。循序渐进的练习有利于学生熟练掌握组合技术。

（2）提高运用组合技术的应变能力

在学生熟练掌握单个技术和组合技术后，教师可结合持球瞄篮、虚晃、跨步等假动作进行教学，变持球突破为投篮、变投篮为持球突破，结合投篮与持球突破，以此使学生运用组合技术的应变能力不断得到提高。

4.技术运用能力提高的方法

学生在具备一定的技术动作基础之后，通过比赛的方法提高学生的技术运用能力是重要且必要的。篮球正式比赛与篮球教学比赛中通常采用的教学手段能够有效促进学生动作技能的掌握和提高。具体方法如下。

第一，在篮球技术教学的开始阶段，重视学生对正确技术动作的掌握，提出规范、严格的动作要求，要求学生进行反复练习。

第二，学生掌握正确技术动作后，交叉进行组合技术的学习与掌握。

第三，在学生掌握组合动作的基础上建立正确合理的攻守条件反射，然后通过攻守对抗的方法进一步促进学生技术运用能力的提高。

（四）篮球战术教学方法

1.形成战术概念和掌握战术配合方法

（1）形成战术概念的方法

要想形成完整的战术概念，就要从以下两个方面入手。

第一，教师要对具体战术的概念、特点、运用目的、攻守战术之间的矛盾关系等进行讲解，以此来使学生初步了解篮球战术概念。

第二，教师要讲解并演示篮球战术的落位阵型、配合方法、配合顺序、移动路线、队员职责、协同行动、变化规律等，以此来使学生对所学战术的组织形式和战术方法有一定的了解和认识，进而形成完整的战术概念。

教师在讲解和演示篮球战术时，可以通过相应的教学手段来进行教学，如常用的图示、沙盘、电影、录像等，从而使学生得到直观的知识传授。另外，教师也可在球场上假设攻守方式，让学生在实践中体会战术阵型、位置分工、配合方法、移动路线等，从而对学生的战术思想和战术意识进行有针对性的培养。

（2）掌握全面的战术方法

战术方法的运用在一定程度上影响着教学效果。因此，掌握全面的战术方法并根据实际情况和需要进行有针对性地选择和运用，能够取得理想的战术运用效果。

①局部战术教学方法。掌握全队战术的重要前提就是对局部战术的掌握。篮球教学实践中，教师应以全队战术发展的一般规律为主要依据，把全队战术分解为几个阶段或几个部分，有序地进行重点教学。例如，教学快攻战术时，可以把短传快攻分为发动、接应、推进和结束三个阶段，然后对这三个阶段分别进行局部战术教学。局部战术教学不仅能够使战术的连续性得到有力的保证，还能够使战术中的局部问题得到解决，为学生掌握全队战术奠定坚实的基础。局部战术的教学要注意局部与局部之间的衔接。

②全队战术教学方法。在局部战术配合的基础上，学生也要对全队战术有一定的掌握。篮球运动教学要能够以全队战术要求为依据进行，要让学生从消极攻守对抗到积极攻守对抗都进行较为全面的掌握。

全队战术对学生的个人技术、局部配合能力、战术意识的要求都相对较高，对学生在学习中出现的问题要及时地、有针对性地解决，从而使全队战术的质量得到有效的提高。

2. 提高学生攻守转换能力和综合运用战术能力的方法

在篮球战术教学中，学生掌握两个或两个以上的全队攻守战术方法后，就要求教师组织学生与攻守转换结合起来进行战术组合练习，从而达到使攻守转换能力和综合运用战术能力得到有效提高的目的。

（1）攻守转换意识和能力的培养方法

在篮球练习中，学生要根据进攻和防守的不同情况和时机，并且选择相应的方式来应对，以此来提高攻守转换能力。赛场的攻守转换必须迅速、流畅。进行攻守转换练习时，可先组织二攻二守、三攻三守、四攻四守，然后再进行全队的攻防练习。另外，需要注意的是，在练习中不仅要对学生攻守转换意识进行培养，还要使其攻守转换速度得到有效提高，可在一定条件下进行快速反应训练。

（2）提高战术综合运用能力的方法

提高战术综合运用能力就是要尽可能地增加学生所掌握的篮球战术的数量，同时要注重其各战术方法掌握的质量。只有这样学生才能够在运动比赛中高质量的运用各种战术方法。

在篮球战术教学中,教师应通过教学比赛或课外比赛,让学生在竞赛实践中对战术方法有进一步的了解和掌握,使他们能以对手情况为依据选择和运用适宜的战术;同时,还能让学生在比赛中根据战局变化改变战术打法,使其应变能力得到有效的提高。教师应在比赛前提出要求,在比赛结束后帮助学生进行赛后总结,理论联系实际,达到使学生的战术水平和战术意识都得到有效提高的目的。

技术是战术的基础,因此,在篮球战术教学中,要注意将战术教学与技术教学有机结合起来。应对各个战术环节中的技术运用提出具体要求,从而使战术的质量得到有力的保证。另外,还要处理好攻守平衡关系,避免重攻轻守的倾向。教师在篮球战术教学中,自始至终都要高度重视对学生战术意识的培养,有效提高他们的应变能力;还要促进学生形成竞争、拼搏、协作的精神和意志品质。

3. 发现与纠正错误的方法

在篮球运动教学中,学生往往会受到教学内容、教学方法、教学环境、教师经验、自身水平等多方面因素的影响,因此在技战术的学习过程中就会经常产生这样或那样的错误,这是不可避免的。这就需要教师及时发现并纠正学生的错误,这样对于学生形成正确的动力定型,掌握正确的战术,避免伤害事故的发生是较为有利的。因此,教师发现与纠正学生的错误是教学中的重要任务,也是篮球运动教学中不可缺少的重要环节。

(1) 发现错误

及时地发现错误是纠正错误的重要前提,只有发现错误才能有针对性地进行纠正,这就要求教师要有对错误的观察能力和判断能力。这种观察能力和判断能力来源是多方面的,最主要的有四个方面:一是教师对篮球战术的深入研究,二是教师多学科理论的积累,三是教师对自己长期教学经验的总结,四是教师对所从事的教学工作的敬业精神。

教师应该对正确战术的结构、形式、关键点有较为准确的把握,并且对战术的细节了如指掌。这样能够及时发现学生随时可能出现的错误,从而为纠正错误奠定基础。

(2) 对错误原因进行分析

在发现错误之后,就要对错误原因进行分析,可以说,分析错误产生的原因是纠正错误的基础。由于学生存在着个体上的差异性,同样的错误可能由不同的原因造成。因此，当教师发现学生的错误时，往往不能立即将错误的产生原因判断出来，这就要求教师必须通过自己的知识和经验，细致准确地分析，将错误发生的真正原因找出来。在篮球战术教学中，错误产生的原因主要有以下几种。

①教师讲解、示范、组织教法不当或教学进度过快，学生的学习速度跟不上教学的进度。

②学生对战术的概念理解得不够透彻和清楚，对战术的特点、阵型、配合和战术的规律没有较为准确的认识和理解。

③学生没有掌握好完成战术的技术，并且运用得不够恰当。

④学生的战术意识不强，没有准确掌握好配合的时机、路线、节奏。

⑤学生对个人行为与全队战术的关系处理得不够得当，战术运用和应变能力相对较差。

教师要以学生在战术学习过程中产生错误的原因为主要依据进行具体分析，对难以找出原因的错误可采用录像分析、生物力学分析等手段将导致错误产生的原因找出来。因为只有正确地分析产生错误的原因，才能更有针对性地纠正错误。

（3）纠正错误

纠正错误的方法有很多，其中，较为主要的有以下几种，可以根据具体情况单独或者综合起来使用这些方法。

①讲解示范法。该方法主要适用于纠正因概念不清、没有建立正确的战术表象而产生的错误。这种方法对教师战术讲解能力的要求要高，需要生动形象，且能够有效启发学生的思维。示范时可以用分解、完整、慢动作、正误对比等方法，示范的位置可以是正面的，也可以是侧面、背面或镜面的。

②诱导法。教师可让学生进行动作结构与正确技术相似但较为简单的练习，为学生建立正确技术的运动感觉提供一定的帮助。诱导可以分为很多种，比如较为常见的语言诱导、模仿诱导、外力诱导等。

③鼓励法。该方法主要用于纠正学生由于恐惧心理而产生的错误。教师可以在学生完成难度较小的动作后予以鼓励和表扬，使其建立完成正确技术的信心，然后逐渐加大难度使其完成战术。

④变换法。对于难度大的技术或战术，教师可以通过改变练习方法、降低练习难度、分解动作或改变练习环境等方式，来达到纠正学生的错误动作的目的。

⑤限制法。这种方法能够通过迫使学生按照教师的意图去完成技术或战术配合，达到纠正学生所犯错误的目的。可以设置标志对学生的行动路线、动作幅度进行限制，或者用特殊的教具来对学生的动作进行限制。除此之外，还可以对学生完成战术的时间进行限制；对学生在练习时运用战术的种类或方式进行限制也是其中一种方式。

⑥暂停练习法。这种方法主要适用于某些学生难以纠正的错误动力定型，可以通过停止他对某个动作的练习，达到使他"忘却"错误动作的目的。

第四节　校园篮球运动教学的课程开发与建设要求

篮球运动是集跑、跳、投于一身的集体对抗性项目。经常从事篮球运动既有利于心肺功能的改善与提高，促进身体素质的全面发展，也有利于培养勇敢、顽强、竞争、拼搏的进取精神和良好的团队作风。为积极响应"双减"政策，推进落实"五项管理"规定，教师应该充分挖掘校内资源，以篮球为特色体育课程，稳步推进学生各方面素质的提升，在体育活动课开展篮球趣味训练活动，在教学策略选择方面做到由易到难、循序渐进。

一、校园篮球运动教学的课程开发

在新课程改革理念下，课堂教学是篮球课程的主要组织形式，包括理论课、实践课、观摩讨论课和实习课等。理论课是通过讲授向学生传授篮球运动的基本理论和方法；实践课的基本手段是实际操作，即通过不同的练习去完成篮球技术、战术的学习；观摩讨论课是通过对技术或教学训练课的观察进行讨论，以提高学生分析问题和解决问题的能力；实习课的目的是提高学生的教学训练能力、裁判能力，往往和观摩讨论课相结合。

（一）对理论课程的开发

在具体的篮球课程实践中，理论课的授课学时比例比实践课要少，但类型多种多样。无论何种课型都应以启发式为主。系统的理论讲授可以使学生在实践中的感性认识迅速上升到理论，更好地促进技战术水平和实际能力的提高。理论课除了传授基本的理论知识外，还要对学生进行素质教育，促进学生素质的全面提高。篮球的理论课教学一般采取课堂教学的形式来完成，即以教师讲授为主，并配以适当的课堂讨论，引发学生学习的兴趣。理论课的具体开发步骤如下。

首先，教师以提问或讲述的形式引出前次篮球课的教学内容，为新授课内容做好准备。

其次，教师讲授本次课的内容，在教学过程中重视对篮球课的重点和难点进行反复论证，以达到强化的目的，使学生更好地理解和掌握本次篮球课的主要内容。

最后，在本次课的结束部分，教师简明扼要地总结和归纳课的重点，并布置课后作业，宣告下次课的教学内容。

通过篮球理论知识的学习，学生应实现理论联系实际。目前，启发式教学是篮球理论教学现代化的发展趋势之一，即教师充分利用学校的现代教学设备，如幻灯片、投影、录像等多媒体教学手段，充分发挥学生学习的积极性和能动性，培养学生分析问题和解决问题的能力。

（二）对实践课程的开发

篮球的实践课教学由三部分组成，即准备部分、基本部分和结束部分。这三部分都有其各自的目的、任务、内容和组织教法要求，但也是一个紧密联系的整体。因此，教师必须根据课的任务和学生的实际情况，选择适宜的练习手段，提出明确的要求。

1. 准备部分

主要目的：使学生在生理和心理上尽快进入学习状态。

主要任务：教师组织学生学习，使其明确课的具体任务，集中学生注意力，并安排一定的身体活动，使学生的肌体由相对静止状态进入运动状态，适当兼顾身体素质和机能的发展，为学习篮球课程内容做好生理和心理上的准备。此阶段的教学可采用与篮球教学内容和任务相呼应的、有引导性、有针对性和有激励性的运动进行身体活动。

主要内容：整队，队长或值日生向老师报告出席人数，教师考勤，讲解本课的内容、任务和要求，检查服装，布置见习学生的任务。

开发方法：通常采用集体作业的形式，教师要善于引导和鼓励。准备部分的练习应全面，具有针对性。

2. 基本部分

主要目的：使学生掌握篮球的基本知识和基本技术、战术方法，进行全面的综合素质教育，提高学生的健康水平和道德品质。

主要任务：促使学生掌握和改进规定的篮球技术动作和战术配合方法，培养篮球意识；学习与提高专项理论水平；提高学生的身体素质，增强体魄；进行综合素质教育和意志培养。

主要内容：根据篮球教学进度，围绕本课的教学任务和内容，选择适宜的练习方法，提高学生的技战术水平和实战能力等。

开发方法：在篮球实践课教学的基本部分主要采用个体或集体分组作业的方式。一般来讲，先学习新教材，然后复习旧教材，也可以根据教学进度，先安排复习内容，然后引入新教材。需要注意的是，教学比赛或提高身体素质的练习应安排在基本部分结束之前。

组织教法要注意课与课、练习与练习、个体与个体之间的联系，循序渐进，由简单到复杂，逐渐增加完成技术动作或战术行动的数量、速度、难度和对抗条件等。教师还应善于观察，通过讲解示范与练习结合、增加练习的次数、改变练习的形式等，来提高或降低练习的密度或强度，从而调整学生的运动负荷。基本部分是一节篮球实践课的主要部分，占有很大比例。课的高潮部分安排在中段或中段之后乃至后段为宜，之后平稳地成弧线下降密度和强度。

3. 结束部分

主要目的：有组织地结束教学活动。

主要任务：经过该部分的放松训练，学生逐渐恢复到相对安静的状态，简要进行课的小结，布置课外作业等。

主要内容：根据基本部分的最后一个教学内容，选择一些逐渐降低运动负荷的练习，如放松跑步、简单轻松的投篮练习等；对本节课进行小结和评价，布置课外作业，预告下次课的内容等。

开发方法：一般采用集体形式。讲评时要求队伍整齐、严肃、表扬与批评相结合，恰当地评价课堂学习情况，激发学生的积极性，也可以重点指出练习中普遍存在的错误及纠正方法，以利于学生课后练习。

(三)对观摩讨论课的开发

篮球观摩讨论课往往是对篮球技术、战术进行分析,它是在篮球运动规则教学与裁判法教学中采用的形式。篮球观摩讨论课可以发展学生的观察、分析能力,激发学生的创造思维,提高学生的表达能力。

在观摩讨论课之前,教师要对学生宣布观摩的内容、观摩的重点、要解决的问题,以及纪律等方面的要求。观摩对象可以是某次篮球课或篮球比赛,也可以是篮球技术、战术电影或录像等。观摩中学生要做好笔记,及时记下自己的感想、体会、疑问等。观摩结束后,教师要及时组织讨论。讨论一般由教师做引导性发言后,学生围绕议题进行讨论、发言。在讨论结束时,教师要做总结性发言,对讨论的问题和学生的讨论情况进行评述,未能得出结论的问题可以留待课后继续探讨。

(四)对实习课的开发

篮球实习课教学的目的是提高学生教学、训练、裁判和组织竞赛等的能力。实习课开始之前,教师要确定实习学生,并指导学生做好充分的准备工作,对实习过程要做好记录。实习结束时教师要进行讲评,尤其要鼓励学生参与讲评和讨论。最后,实习学生要写出总结报告。

二、校园篮球运动课程教学的建设要求

(一)做好校园篮球运动课程的管理工作

篮球运动课程管理与其他课程有着相同之处,但又具有自身的特点。在篮球运动课程的组织中,篮球教师处于主导地位,是整个教学活动的主要管理者。因此,教师在对篮球运动课程进行管理时,要想使篮球运动课程的管理更加科学化、合理化,就必须有先进的管理程序,以对课程进行有效的指挥和控制。

1. 课前管理

在篮球运动课程中,主要从以下几方面进行课前管理。

第一,教师要通过适当的方式向技术骨干或组长告知本次课的内容,并指导他们积极参与管理活动。

第二,教师要向有关人员提前告知本次课所需要的辅助教具和球的数量,为上课做好准备。

第三，如果上课的地点有了变化，要事先通知学生，避免耽误上课时间。

第四，教师应在上课前提前到达上课场地并准时上课，为课中管理创造一种良好的气氛。

2. 课中管理

在篮球运动课程中，教师应遵守以下几个原理。

（1）能级原理

能级原理是指针对所要完成的练习，教师要对不同的年龄、性别、体质、篮球基础、心理状况的教学对象提出不同的要求和评价标准。例如，在对同一动作进行学习时，有的学生能够很快地掌握其中的要点，但是有的学生在花费很长时间之后依然无法掌握。因此，在校园篮球课程管理中，教师要对学生在学习能力上的差异性进行充分的考虑。

（2）分合原理

在篮球运动课程中，学生是以一个整体的形式存在的。根据教学的需要，学生这个整体有时需要集中，有时需要分散。分分合合是篮球课程的特点之一。因此，在分分合合的篮球运动课程教学中，教师必须掌握好时机，对严密的组织手段加以合理采用来进行管理。

（3）动力原理

动力原理是指充分激发与调动学生的学习动力与积极性的原理。在篮球运动课程中，教师可以采用很多方法来调动学生积极性。从管理的层面进行研究，教师向学生输出学习动力是其中最有效的办法，意思是在篮球运动课程中，引导学生轮流做一些管理方面的工作。事实证明，教师向学生输出的动力越多，其课程管理的效果就越好。

3. 课后管理

作业、自练、观摩是篮球课课后管理的主要方式。

（1）作业

教师可以根据篮球运动课程实施的进程，随时布置一定量的课外作业。课外作业的内容一般与课堂教学密切联系。它是复习巩固理论知识和技能以及促进知识运用的重要环节。

教师在对作业进行组织和布置时，要以教学的实际需要为依据，向学生有目的、有计划、有重点地布置作业。教师要认真地批改学生完成的作业，要写出恰当的评语，并指出其优缺点；应对作业进行打分，并作为平时的成绩考核；对于作业的完成情况，教师要向学生及时反馈信息，促使学生继续努力学习。

（2）自练

自练是指在篮球运动课程教学中有些学生未能掌握所学的技术动作，由学生帮助或教师辅导，在课后自己进行练习的一种教学辅助形式。

教师有效地组织学生自练对课后管理具有以下几方面的作用。

首先，学生自练有助于教师因材施教，给成绩优异的学生发展的机会，给掉队的学生补课，从而提高篮球课程的整体效果。

其次，学生自练可以调动学生学习的积极性，充分发挥其主观能动性。教师的和学生的相互帮助能使师生的感情更加融洽，形成良好的教学环境。

最后，学生自练还可以有效地培养学生的自学能力、独立思考问题和解决问题的能力；让学生在自练中进一步理解、运用和巩固课堂上所学的知识、技术和技能，为进行下一次课的学习做好准备。

（3）观摩

观摩是教师根据一定的教学目的，组织学生到现场观摩篮球竞赛、竞赛实况转播或电视录像的一种教学辅助活动。

观摩是篮球课程的重要补充，主要体现在以下几方面。

首先，观摩在篮球课程和篮球比赛之间做了一个紧密的衔接。通过观摩，学生可以学到很多关于篮球运动的实际知识，从而有利于学生对学习到的理论知识和技能有一个更深刻的领会。

其次，观摩能够拓宽学生的视野，开阔他们的眼界，打开他们的思路，从而更进一步地激发和调动学生学习篮球的兴趣。

最后，通过观摩，学生可以对场上运动员的风采，对运动员所表现出来的积极进取、顽强拼搏的精神和良好的体育道德有一个直观的了解。这样有利于加强学生的思想教育。

根据课堂教学的需要，观摩通常又可分为以下几种类型。

①准备性观摩：在上新课之前，教师组织学生观摩，为学好新课做好感性认识的准备。

②并行性观摩：在篮球教学的过程中进行，如讲授完篮球竞赛规则后，组织学生重点观摩篮球裁判员临场执法的情况。

③总结性规律：在完成某阶段教学后进行，以深化巩固本阶段所学的教材内容。

（二）拟定校园篮球运动课程教学教案

教案又被称为"课时计划"。它是教师根据教学进度编制而成的最为基础的教学文件。

教案是教师上课的依据，对教师积累资料、总结经验、提高对教学规律的认识具有非常积极的促进作用。因此，教案的作用是非常重要的，它不仅是教学的依据，还能反映出教师的工作态度、专业素质、业务水平等。

1. 教案的格式

教案格式的选择具体可以根据实际情况有针对性地进行，较常用的主要有表格式教案和条文式教案两种。

（1）表格式教案

如表 4-4-1 所示，教师确定课的教学任务之后，按表格各栏的先后顺序，将每一部分的内容依次填入表格。

表 4-4-1 表格式教案

上课日期		年 月 日			授课教师			
班级			第 周		场地			
人数		男	第 次课		器材			
		女			媒体			
教材内容					教学任务/目标			
重点难点								
教学过程		教学内容和达成目标			第 次课		练习	
					教师教法	学生学法	次数	时间
作业								
病弱处理								
课后小结								

(2) 条文式教案

条文式教案多用于理论课的教学，除填写表格式教案规定的项目外，还以讲授提纲与组织教法的方式配合理论课讲稿共同使用。

2. 教案编写要点

教案编写需要照顾到教学中的许多环节，要做到面面俱到。因此，教案编写过程十分复杂，主要包括以下几方面要点。

（1）钻研教学大纲

钻研教学大纲的意义主要体现在两方面：一方面，使教师对篮球课程的目的和任务有一个整体的了解和认识，从而正确把握备课方向，以及备课要求；另一方面，使教师从总体结构上对篮球知识体系进行了解，并且掌握各部分之间的内在联系，从而合理、全面安排教学。

（2）仔细研究教材

教材是教师教学的主要依据，是学生学习的主要内容，因此，仔细研究教材十分必要。教学需要不同，研究教材的方式也不同，主要有以下两种形式。

第一，通览教材，即教师接受教学任务后将教科书浏览一遍，熟练掌握基本结构和内容，了解教材的编写意图。

第二，精读教材，即教师在授课前对教材进行仔细阅读和钻研，以熟悉教材内容。

（3）确定教学目标

教学目标是对教学结束时学生必须获得的学习结果或终点行为的预期，是一个整体，具体由不同的层次构成，可分为终极教学目标、过程教学目标、具体教学目标三个类型。

（4）选择教学方法

选择教学方法应兼顾教师"教"的方式和学生"学"的方式两方面，只有将两者较好地结合在一起，才能够取得理想的教学效果。另外，在选择教学方法时需要注意综合运用多种教学方法，避免只运用一种教学方法带来的弊端。

（5）设计教学过程

教学过程是师生双边活动的过程，教学过程设计的情况能够直接影响到教学任务的完成情况，因此，在制定教案时应给予重视。

3. 教案编写基本要求

教案编写得好坏在很大程度上会影响教学效果的好坏，为了保证教案的科学性和可行性，在编写教案时应做到以下几点。

第一，明确本次课的主要教学任务及教学目标。教学任务及教学目标的确定应以培养目标和教学大纲、教学进度的具体要求、教材性质与学生的实际情况为主要依据。

第二，确定合理的课程组织模式及教法。组织模式及教法应以本课的主要任务为主要依据，以保证课堂顺利、严谨地完成。

第三，注意教学的完整性和系统性，各个课次之间应承上启下、循序渐进。

第四，充分了解本次课的客观条件，主要包括学生人数、学生基础、学生接受能力及运动场地、器材、设备等。

第五，注意合理选择和运用教法步骤、练习方法，合理安排练习次数和运动负荷。

第六，区别对待，因材施教。

（三）撰写校园篮球运动课程教学大纲

教学大纲是规定课程教学的基本任务，体现课程教学工作的主导思想，对教学的知识范围、教学时数进行限定，并确定课程的考核方法和标准的指导性文件。

教学大纲是对教学任务完成情况进行衡量的主要依据，是教学单位（教研室、教学组）和教师个人组织篮球运动课程教学工作的主要依据。制定科学合理的教学大纲对于校园篮球运动课程教学具有积极的指导和促进作用。

1. 教学大纲的结构和内容

通常情况下，教学大纲主要由三个部分构成，这三个部分的主要内容如下。

（1）说明

说明会对本大纲的适用范围和对象，指导思想、原则，使用时应注意的问题进行相关说明。

（2）正文

正文包括本门课程的教学目的、教学任务，为完成教学任务而采取的主要措施、考核的内容和方法，教学内容的提要与基本要求、时数分配与各部分的比重，组织教法的形式、方法、要求，教材编选的原则等。

（3）参考文献目录

参考文献目录对教学内容主要参考文献的相关情况进行了介绍，包括参考文献的名称、题目、作者、出版单位、出版日期等。

2.撰写教学大纲的基本要求

为了使教学大纲更加科学合理，撰写教学大纲时应做到以下几点。

第一，以实际情况为依据，落实教学计划所规定的培养目标、要求，明确提出教学目的和教学任务。

第二，确保教学内容的科学性、先进性和系统性。

第三，以篮球运动的特点、本课程的任务和时数为主要依据确定教材内容，重视基本理论、基本技术、基本技能的教学。

第四，根据教学内容的重要性合理分配时数，使理论与实践的比例适当。

第五，考试内容要符合学生的学习情况，做到以基本理论、基本技术和基本技能为重点。

（四）校园篮球运动课程教学质量的测评

1.篮球教学质量测评的目的

（1）监控篮球教学质量

篮球教学过程中，可以通过对各个环节的测量与评价，发现教学中存在的问题。测评的结果应及时反馈给教师或体育教学管理部门，然后由他们及时对教学中的不足做出调整和改进，从而确保教学任务的完成。

对于教学质量的测评要及时，这种测评要在教学过程进行中的不同阶段进行，而不是等到全部教学过程结束后再进行。分段、多次地对教学过程进行评价有助于及时了解教学过程，便于监控，以最快的速度发现问题、解决问题，不断修正篮球教学行为。篮球教学质量的阶段测评中，通常测评的内容有教师教学文件齐备情况、备课质量、教学组织、教法运用、作业与辅导，学生参加篮球课学习的主动性、学习兴趣、技术掌握情况等。这些内容通过简单的可观测指标来进行测量，从而获得教学过程中反映上述内容的有效信息，对信息进行科学分析，与常模（往届相同指标）参照标准进行对比，就可得出相对准确的测评结论。

（2）评价篮球教学效果

篮球教学的最终效果如何需要有准确的评价予以描述。篮球教学效果评价是对教学任务实际完成情况进行的评价。

对于篮球教学效果的评价要在教学大纲的有关规定下进行，并采用大纲规定的方法对所有学生进行严格的测评，如此才能相对准确地得到学生对于篮球技战术学习的有效成绩。获得篮球教学效果的信息反馈后，学校体育教育主管部门及一线体育教师能够及时、准确地掌握教学的实际效果，并对教师的教学工作和学生的学习行为进行有针对性的调整和改进，从而不断提高篮球教学质量和学生对篮球教学的满意度。

2. 篮球教学质量测评的内容

篮球教学质量测评需要按照一定的标准进行，而不是一种随意的测评行为。这个测评标准主要是根据篮球教学大纲、篮球教学培养目标等高级教学文件所规定的测评范围和形式。这些文件中还对不同年级、不同教学集体、个体以及所处的不同教学阶段的具体要求进行了规定。

篮球教学质量测评几乎囊括了所有日常篮球教学活动所涉及的内容，包括最基本、最常用的重点技术、战术、理论知识、教学训练、组织竞赛与裁判工作能力等，也包括一些带有进阶性质的高级技战术等。

3. 篮球教学质量测评的形式

（1）口试

①测评形式：通常以课堂提问、随机提问或专题答辩的形式进行。

②测评目的：了解学生掌握篮球运动理论知识的深度和广度、分析和解决问题的能力及语言表达能力。

（2）笔试

①测评形式：采用常规学科考试的方式进行，笔试类型可以根据实际情况选择为开卷或闭卷。

②测评目的：开卷主要测评学生运用知识分析和解决问题的能力，适用于高年级学生；闭卷主要测评学生对记忆性的篮球运动知识的掌握，适用于低年级学生。

③题型及比例。首先，理论考试命题要能较好地反映学生掌握篮球运动基本理论知识的程度，选择试题内容要符合教学大纲的要求，题型应多样化，包括选

择、填空、名词解释、判断、绘制战术图、简答等。其次，理论考试命题要反映出各种不同指标的试题形式，还要掌握好主、客观试题的比例。试题难易度应适中，区分度要良好，确保考试的可信度。根据试题类型及题目分数的比重评分，理论测评应先以满分100分来评分，然后按比例进行换算。

（3）技术评定

技术评定是指根据学生完成技战术动作的质量进行评分。测评前按动作结构和配合过程，把所要进行测评的技术、战术分为若干个环节，根据各个环节完成情况予以评分。

评分标准可采用10分制、百分制或等级制。尽管评分标准不同，但最终都会转换为学生实际得分数。

（4）达标测试

达标测试是将学生完成技术动作的标准程度按一定的要求制定评分表进行测试。达标测试适用于单个技术动作、组合技术的测评。

达标测试的方法较为灵活，一方面，它可以被用来做单独项目的测试，另一方面，也可以与其他测试相结合使用。

评分标准可以采用10分制或百分制。

（5）基本能力测评

基本能力测评主要是通过教学实践进行的，这种形式不是"一次性"的，而是一种常态化的，注重对学生自身能力和学习态度的测评。主要形式如下。

第一，通过各式篮球教学比赛（半场或全场）测评学生在实践中运用技战术的能力。

第二，通过篮球教学实习（准备活动或技战术教学实习）测评学生组织教学的能力。

第三，通过组织篮球竞赛测评学生对于组织竞赛、竞赛编排、赛事管理和裁判工作的能力。

第四，教师根据学生的技战术运用能力和实际工作表现来评定其基本能力的成绩。

评分标准可采用百分制或等级制。用统计学方法来制定评分表，这样可以使分数值具有较好的区分度，对测评对象的实际水平也能客观地进行反映。

第五章　校园篮球运动规则与技战术教学

学校体育课程中，篮球课程及技战术的教学工作有着举足轻重的作用，它对学生参与篮球运动的科学性及运动水平的提高、学生身体素质的培养以及学校体育教学的发展都有着十分重要的影响。本章内容为校园篮球运动规则与技战术教学，分为三部分，依次是校园篮球运动规则及一般常识教学、校园篮球运动技术理论与训练教学、校园篮球运动战术理论与训练教学。

第一节　校园篮球运动规则及一般常识教学

篮球运动规则指篮球比赛中应用的各种规则。根据适用范围，篮球运动规则可划分为国际篮球联合会（FIBA）规则、美国职业篮球联赛（NBA）规则、美国全国大学体育协会（NCAA）规则等。在世界上通用的篮球运动规则是 FIBA 官方篮球规则。本节将就篮球运动中犯规行为与违例行为的判定规则与判罚规则展开介绍。

一、犯规行为的判定与判罚规则

犯规行为是指违反规则的行为，包括与对方队员发生身体接触和违反体育道德的行为。犯规行为的判罚规则是对犯规队员进行登记，并按照规则进行处罚。在篮球运动中，常见的犯规现象包括侵人犯规、双方犯规、取消比赛资格犯规、违反体育道德犯规、技术犯规。校园篮球运动教学工作者应向学生讲授各类犯规行为的判定规则与判罚规则。

（一）侵人犯规

1. 标准

侵人犯规是指队员与对方队员的接触犯规，无论球是活球还是死球。主要包括以下行为：队员通过伸展自己的手、臂、肘、肩、髋、腿、膝或脚来拉、阻挡、推、撞、绊、阻止对方队员行进；队员将其身体弯曲成"反常的"姿势，或放纵任何粗野或猛烈的动作。

2. 常见的手部动作的犯规

第一，处在背后不利位置的防守队员打、击、压对方手臂。

第二，抢篮板球时，处在背后的队员小动作猛推或拉人。

第三，用手反复短时间触及持球队员的手臂，干扰其正常动作。

第四，防守运球队员时伸臂拍球的动作幅度太大，造成手臂阻挡。

第五，进攻队员突破时，防守队员从背后打球（回马枪），发生接触。

第六，进攻队员运球过人时，用手臂钩住防守队员；掷界外球时，场内进攻队员推开对方接球。

第七，封盖投篮时，触及球的同时又触及投篮队员的手腕。

第八，进攻队员用自己的手臂为自己创造额外的空间（清除障碍），或在投篮时或刚投篮之后伸展自己的双脚或双臂。

第九，抢进攻队员手中的球时，防守队员用手打或掌击进攻队员的手。

第十，侧防时，一只手防球线，另一只手接着对方的腰。

第十一，被合法掩护时，一只手接住掩护者的腰，另一手防外圈的进攻队员投篮。

3. 判罚规则

（1）投篮队员犯规判罚规则

①投中有效，加罚一次；不中则罚球2或3次。

②一节或决胜期比赛结束的信号或24秒装置信号响时或恰好响之前队员被犯规，随后其完成的投篮，球中不得分，判给2或3次罚球。（球已成死球）。

（2）非投篮队员犯规判罚规则

①在犯规处就近的边线或端线外掷界外球继续比赛。

②对方处于全队犯规处罚状态（任一节的第5次犯规后，含第5次）时，应判2次罚球。

（3）控制球队的队员侵人犯规（违反体育道德、技术犯规等不在此列）判罚规则

不论全队犯规是否处于处罚状态，均由对方在犯规处就近的边线或端线外掷界外球继续比赛。

（二）双方犯规

1. 标准

双方犯规即两名互为对方的队员大约同时相互发生侵人犯规的情况。

2. 判罚规则

第一，应给每一犯规队员登记一次侵人犯规。

第二，不判给罚球并且比赛应按下列所述重新开始。

如果投篮得分，或最后一次或仅有一次的罚球得分，将球判给非得分队从端线掷球入界。

如果某队已控制了球或拥有球权，将球判给该队在最靠近违犯的地点掷球入界。

如果两队都没有控制球也没有球权，执行交替拥有。

如果在比赛休息期间发生双方犯规或特殊情况下的犯规的罚则全部抵消后，没有剩余的罚则要执行，重新开始比赛的掷球入界地点是在发生双方犯规或第一起犯规的就近界外，而不是在记录台对面的中线延长部分。

3. 双方犯规的性质

双方犯规必须是相互的，同时或几乎同时发生，性质是一致的，因此双方犯规中不存在两起不同性质的犯规。某一方是否犯规超过 4 次与犯规的性质无关。

4. 两名裁判员同时鸣哨但罚则不同的处理

如果两名裁判员同时或几乎同时吹 A_1 与 B_1，A_1 走步违规，B_1 阻挡犯规，处理 B_1 的犯规，A_1 走步不纠。如果鸣哨有明显的时间差，先走步违例，后犯规，按特殊情况处理，如果先犯规，后走步，违例是裁判员的错误宣判。如果不是相互间，两名裁判员同时或几乎同时宣判了，两对不同队员相互间的违例或犯规（A_1 与 B_1，A_5 与 B_5），处理原则按特殊情况的规定执行。

（三）取消比赛资格犯规

1. 标准

取消比赛资格犯规是指队员、替补队员、被逐出的队员、教练、助理教练或随队人员的任何恶劣的违反体育道德的行为。

2. 判罚规则

首先，先给犯规者登记一次取消比赛资格的犯规，并责令犯规者去该队的休息室，或者犯规者也可以选择离开体育馆。然后再按下列情况进行处理。

①如果是一起非身体接触犯规，就由对方教练指定的本队队员罚球，以及随后在记录台对面的中线延长线掷球入界，或在中圈跳球开始第1节比赛（这个指在第一节比赛开始前的取消比赛资格的犯规）。

②如果是一次身体接触犯规，就被犯规的队员罚球，以及随后在记录台对面的中线延长线掷球入界，或在中圈跳球开始第1节比赛（这个指在第一节比赛开始前的取消比赛资格的犯规）。

其次，罚球的次数应按如下规定进行确定。

①如果对没有做投篮动作的队员发生犯规或是一次技术犯规，应判给2次罚球。

②如果对正在做投篮动作的队员发生犯规，如果中篮应计得分并加判给1次罚球。

③如果对正在做投篮动作的队员发生犯规，并没有得分，应判给2次或3次罚球。

（四）违反体育道德犯规

1. 标准

违反体育道德犯规是指裁判员认为队员不是在规则的范围内合法地去直接抢球，而是和对方队员身体发生接触的犯规。

2. 违反体育道德犯规的行为

第一，队员不在规则的精神和意图的范围内合法地直接抢球。

第二，队员在努力抢球中造成过分的严重的身体接触。

第三，防守队员试图阻止一次快攻，从对方队员身后或侧面与其发生身体接触，并且在进攻队员和对方篮筐之间没有防守队员。此规定适用于进攻队员开始投篮之前。

第四，在第4节和每一决胜期的最后2分钟，当掷球入界的球在界外并且仍在裁判员手中或掷球入界队员可处理时，防守队员在比赛场内对进攻队员造成身体接触。

3. 判罚规则

第一，如果对没有做投篮动作的队员发生犯规，先登记一次违反体育道德犯规，再判给 2 次罚球及随后在记录台对侧中线处掷界外球，或在中圈跳球开始第 1 节比赛（这个指在第一节比赛开始前的违反体育道德犯规）。

第二，如果对正在做投篮动作的队员发生犯规，先登记一次违反体育道德犯规，如中篮要计得分并再判给 1 次罚球；如没有中篮，投 3 分球的判给 3 次罚球，投 2 分球的判给 2 次罚球及随后在记录台对侧中线处掷界外球，或在中圈跳球开始第 1 节比赛（这个指在第一节比赛开始前的违反体育道德犯规）。

第三，如果一名队员被登记 2 次违反体育道德犯规，或 1 次技术犯规和 1 次违反体育道德犯规，该队员就会被取消比赛资格，处罚按违反体育道德犯规进行。

（五）技术犯规

1. 标准

队员、替补队员、教练、助理教练和随行人员都必须符合体育道德和公正竞赛的要求，他们应尊重对手、观众并与裁判员完美和真诚地进行合作，任何漠视裁判员的劝告或有不正当、不道德、不礼貌的行为都将被视为技术犯规，十分恶劣的技术犯规将被取消比赛资格。

2. 技术犯规的行为

第一，无视裁判员的警告。

第二，不尊重裁判员、技术代表、记录台人员或球队席人员。

第三，与裁判员、技术代表、记录台人员或对方队员交流时没有礼貌。

第四，使用很可能冒犯或煽动观众的粗话和手势。

第五，戏弄或嘲讽对方队员或在对方队员的眼睛附近摇手妨碍其视觉。

第六，过分挥肘。

第七，球中篮后故意触及球或阻碍对方迅速地执行掷球入界以延误比赛。

第八，伪造被犯规。

第九，悬吊在篮圈上。

第十，在最后一次或仅有一次的罚球中防守队员干涉得分，判进攻队得 1 分，防守队员技术犯规。

3. 判罚规则

登记一次技术犯规，判给对方任一队员 1 次罚球及随后在记录台对侧中线处掷界外球，或在中圈跳球开始第 1 节比赛（这个指在第一节比赛开始前的技术犯规）。

如果一名队员被登记 2 次技术犯规，或 1 次技术犯规和 1 次违反体育道德犯规，该队员将被取消比赛资格，处罚按技术犯规进行。

二、违例行为的判定与判罚规则

违例行为是指，既不属于侵人犯规、违反体育道德犯规、取消比赛资格犯规，也不属于技术犯规的违反规则的行为。违例一般不会记录在次数上也不累计，而是会判给对方发界外球。违例的判罚规则，即将球判给对方队员在最靠近发生违例的地点掷球入界，正好在篮板后面的地点除外，除非本规则另有规定。校园篮球运动教学工作者应向学生讲授各类违例行为的判定规则与判罚规则。

（一）队员出界和球出界

1. 判定队员出界

当队员身体的任何部分接触界线上、界线上方或界线外的除队员以外的地面或任何物体时，队员出界。

2. 判定球出界

当球出现以下情况时为球出界违例。

第一，球触及了在界外的任何人时。

第二，球触及了界线上、界线上方或界线外的地面或任何物体时。

第三，球触及了篮板支撑架、篮板背面或比赛场地上方的任何物体时。

（二）带球走

1. 判定标准

第一，当队员在场上持着一个活球，其一脚或双脚超出本规则所述的限制向任一方向非法移动是带球走。

第二，在场上正持着一个活球的队员用同一脚向任一方向踏出一次或多次，而其另一脚（称为中枢脚）不离开与地面的接触点时为旋转（合法移动）。

2. 中枢脚的判定

（1）双脚站在地面上时的中枢脚

一脚抬起的瞬间，另一脚即为中枢脚。

（2）移动时的中枢脚

如果一脚正触及地面，该脚即为中枢脚。

如果双脚离地，该队员双脚同时落地，一脚抬起的瞬间，另一脚即为中枢脚。

如果双脚离地，该队员一脚落地，则该脚为中枢脚。

如果队员跳起一只脚并双脚同时落地停止，则哪只脚都不是中枢脚。

3. 带球行进的判定

（1）有中枢脚的情况

队员在传球或投篮时，可抬起中枢脚，但在中枢脚再次着地前球必须离手；运球时，球必须先离手方可抬起中枢脚。

（2）无中枢脚的情况

队员在传球或投篮时，一脚或双脚可抬起，但在球离手前不得落回地面；运球时，在球离手前哪一只脚都不得抬起。

（3）其他情况

当一名队员持球跌倒或滑动（持球停步后的位移或持球跌倒后的位移）在地面上，或躺或坐在地面上时，获得控制球是合法的。如果而后该队员持着球滚动或试图站起来是违例。

4. 应用有利/无利原则

当某队员在场上获得球后，其附近根本没有防守队员，该名队员运球时先提起中枢脚，裁判应忽视这一带球走违例，特别是不被夸张的动作。这样做并没有给进攻队员利益，也没有使防守队员处于不利状态。

5. 走步违例的判定

首先，需确定持球队员的中枢脚。其次，观察持球队员在移动时中枢脚是否离开与地面的接触点，或是中枢脚在离开与地面的接触点时，球是否离手。必须提高对是否走步的技术动作的分析、观察和判断能力，决不能凭感觉、凭动作是否协调来吹哨。有时队员的动作不协调、不连贯、不顺畅，显得有些别扭，看似走步，但是一个完全合理的正常的技术动作。

(三) 干涉得分和干扰

1. 干涉得分违例判定

第一，在投篮中任何队员不得触及正在下落飞向篮筐并完全在篮圈水平面之上的球。

第二，在投篮中任何队员不得触及在球已碰击篮板并完全在篮圈水平面之上的球。

第三，在罚球中任何队员不得触及正在飞向篮筐的、触及篮圈前的球。

2. 干扰得分违例判定

第一，在投篮中、最后一次或者仅有一次罚球后，当球与篮圈接触时，队员不得触及篮筐或篮板。

第二，在罚球（随后还有进一步的罚球）后，在球有进入篮筐的可能性时，队员不得触及球、篮筐或篮板。

第三，队员不得从篮筐下方伸手穿过篮筐并触及球。

第四，球在篮筐中防守队员不得触及球或篮筐。

第五，队员不能使篮板颤动或者抓篮圈。

第六，队员不得抓篮筐打球。

3. 判罚规则

第一，如果进攻队员发生违例，不判给得分，将球判给对方队员在罚球线的延长部分掷球入界。

第二，如果防守队员在进攻队员罚球出手时发生违例，该进攻队员得1分；当球在2分投篮区域出手时发生违例，得2分；当球在3分投篮区域出手时发生违例，得3分。

第三，如果防守队员在最后一次或仅一次的罚球中发生干涉得分违例，判给进攻队1分，随后执行防守队员技术犯规的罚则。

(四) 时间违例判定

1. 判定3秒钟违例

当某队在前场控制活球并且比赛计时钟正在运行时，该队的队员不得停留在对方队的限制区内超过3秒钟。

队员在下列情况中应被默许离开限制区。

第一，队员试图离开限制区。

第二，队员在限制区内，当队员或其同队队员正在做投篮动作，并且球正离开或恰已离开投篮队员的手时。

第三，队员在限制区内已接近 3 秒钟时运球投篮。

2. 判定 5 秒钟违例

一名队员在场上正持活球，这时对方队员处于积极的防守位置，距离不超过 1 米，该队员是被严密防守的。一名被严密防守的队员必须在 5 秒钟内传、投或运球；否则即为违例。

3. 判定 8 秒钟违例

球队在拥有球权后，必须在 8 秒钟内将球运过或传入对方半场的红线之外，否则将被判为违例。

当球队使球进入该队的前场时，若出现下列情况则可判定为违例。

第一，没有被任何队员控制，球触及前场。

第二，球触及或者被双脚在他前场的进攻队员合法触及。

第三，球触及或者被有部分身体在他后场的防守队员合法触及。

第四，球触及有部分身体在控制球队前场的裁判员。

第五，运球队员在后场往前场运球的过程中，双脚和球都进入前场。

4. 判定 24 秒钟违例

第一，每当一名队员在场上控制一个活球，或在一次掷球入界时，球触及任何一名场上队员或者被他合法触及，掷球入界队员所在的球队仍然控制着球，该队必须在 24 秒钟内尝试投篮。

第二，在 24 秒计时钟的信号发出前，球必须离开队员的手，而且球离开了队员的手后，球必须触及篮圈或进入篮筐，即构成一次投篮。

第三，当一次投篮尝试临近 24 秒钟周期结束和球在空中时信号响起，可具体分以下情况进行判定。

①如果球进入篮筐，没有违例发生，信号应被忽略并且计中篮得分。

②如果球触及篮圈但未进入篮筐，没有违例发生，信号应被忽略并且比赛应继续。

③如果球未碰篮圈，一次违例已发生，但如果对方队员即时和清楚地获得了控制球，信号应被忽略并且比赛应继续。

④如果掷球入界在后场执行，24秒计时钟应被重设回24秒。

⑤如果掷球入界在前场执行，当比赛被停止时，如果24秒计时钟显示为14秒或者更多，24秒计时钟不应被重设，应以停止时的时间继续；当比赛被停止时，如果24秒计时钟显示为13秒或者更少，24秒计时钟应被重设到14秒。

（五）其他情况违例判定

1. 脚球和拳击球

脚球违例是队员故意用脚踢球或用腿的任意部分阻挡球的行为。

拳击球违例是队员用手拳击球的行为。需要注意的是，意外地球碰腿或腿碰球不算违例。

2. 两次运球违例

第一，队员第一次运球结束后不得再次运球，除非在两次运球之间他投篮了或球被任一队员触及。

第二，不能翻腕运球（携带球），不能双手同时拍球。

第二节 校园篮球运动技术理论与训练教学

篮球运动技术是运动员在比赛对抗中合理运用专门动作的能力，是进行篮球比赛的基本手段，又是篮球运动战术的基础。鉴于篮球运动技术的重要地位，在校园篮球运动教学中，必须将篮球运动技术教学重视起来，并加强技术教学创新，提高技术教学效果。

一、关于篮球运动技术理论的阐述

（一）认识篮球运动技术的概念

为了更加深入地认识篮球运动技术的概念，这里主要从技能方法和实践应用两个方面对篮球运动技术做详细分析，具体如下。

首先，从技能方法的角度来看，篮球运动技术是篮球运动员在篮球运动中以进攻与防守为目的而选用的相应动作方法。篮球运动技术是动作模式的理想化形式，是规范化了的动作模式。篮球运动技术在动作方法上具有专门性和合理性。这种专门性和合理性主要源于以下四个方面：篮球运动技术与篮球竞赛规则的要求相符；篮球运动技术对攻守对抗的需要具有适应性；篮球运动技术与人体运动的科学原理相符，篮球运动员的个人特点也能够在篮球运动技术中充分体现出来；在篮球比赛中，攻守对抗的具体任务能够通过篮球运动技术得到解决。具体来说，专门性与合理性的篮球运动技术具体表现在篮球移动动作、篮球控制及支配动作以及对篮球的争夺动作以及这些动作的组合中。

其次，从实践应用的角度来看，篮球运动技术是一种在实践比赛中对专门的攻守动作进行具体运用的能力。从这个角度来讲，篮球运动技术不只是运动员重复篮球动作模式，更是篮球运动行为与操作技巧有意识的表现。具体表现在，篮球比赛中，运动员进行进攻或防守时单独运用技术动作，或者与同伴一起运用技术动作，共同协作配合，去争取时空上的主动性。运动员的篮球竞技水平与能力也能够通过篮球运动技术衡量出来。运动员在篮球比赛中以篮球运动技术为竞技的基本手段进行进攻与防守。运动员的智力水平、技术能力、身体素质以及心理素质、体育道德、经验和创造能力等都能够通过篮球运动技术集中反映出来。同时，运动员运用专门动作的技巧性和实效性也是其创造性的表现。

技能方法及实践应用是篮球运动技术以不同角度在篮球运动对抗过程之中存在的两个本质和现象。掌握篮球运动技术是对篮球运动战术进行运用的基础条件，任何战术方法的使用与战术目的的实现都离不开对准确的篮球运动技术动作和应变方法的掌握。可以说，篮球运动技术是篮球运动的重要构成部分，它对于篮球运动的其他构成要素来说具有重要的基础性作用。

（二）篮球运动技术分类

当前，篮球运动技术分为进攻技术和防守技术。这两大类篮球运动技术具体又包括若干类动作，这些动作或者具有相似的结构，或者具有相同的作用，或者具有不同的动作方法。这些既有区别又有联系的技术动作共同构成了篮球运动技术分类的系统化体系。具体来说，篮球进攻与防守技术还可以进行进一步的层次划分，如传接球、投篮、运球与突破是进攻技术的主要内容，防守对手、抢球、打球与断球是防守技术的主要内容，进攻技术与防守技术的共同动作是移动与抢篮板球技术。

（三）篮球运动技术的特点

1. 稳定与变化相结合

每一项篮球技术都有它的动作规范，这种动作规范在练习时一般都是具有相对稳定的特点，如投篮动作中左右手的作用和投篮发力顺序，但这仅仅是在初始练习时的状态。由于篮球本身具有高强度的对抗性，因此在双方对阵时，极少出现没有对方干扰的情况，此时就需要将平时学习的相对稳定的技术动作根据不同的环境与对手情况进行相应的变化。篮球运动员要能够在攻守对抗的情况下以及在各种不同条件下去组合动作，能随机应变、创造性地完成攻守任务。这也就成为现代篮球运动技术的又一显著特点，即稳定与变化相结合。

2. 争取时空的动态与激烈对抗相结合

篮球运动具有时空争夺性，这点主要体现在对阵的双方都在追求以最快的速度到达对方篮下造成威胁，以及球在脱离任何一方时双方都尽力争夺最有利的获得球的空间位置。篮球竞赛是一个攻守对抗的动态过程，一切现代篮球技术均是在动态和对抗中进行的。快速、准确、实用、多变充分表明了在争取时空主动上的合理性和创造性，两者的结合则是现代篮球运动技术的一个显著特征。

3. 身体动作与控制支配球相结合

身体动作与控制支配球相结合也是篮球运动技术特点之一。篮球运动是一项需要全身参与的运动，篮球运动员是通过手接触球来达到支配球的目的的。除了手的参与外，篮球运动员身体的其他部位也都要经常参与协调配合，以组成各种专门的动作。手部的动作控制、支配球的运行和争夺获球使身体动作与控制支配球融为一体，展现出了现代篮球运动技术的无穷魅力。

4. 规范性与个体差异相结合

在现代篮球运动技术中，还会表现出规范性与个体差异相结合的特点。在篮球运动技术中，任何动作技术都必须在一定的规范性下进行，这些动作规范都是经过长期的实践积累总结出来的，具有十足的科学合理性，因此，必须依照规律进行操作。然而，在实际训练中能够发现，并不是每一名篮球运动员都能按照动作的标准练习，有些篮球运动员因个体的差异性而表现出对与规范动作稍有不同的动作特点和风格。然而，有些运动员的技术动作虽与规范动作有些差别，但仍旧能够保证动作效果，因此，在篮球运动的训练与比赛中不能强求动作外形的模式，而要讲求实效。规范性与个体差异相结合的特征也是其他竞技运动项目技术具有的特征。

（四）影响篮球运动技术发展的因素

篮球运动技术的发展对于推动篮球运动的发展有重要的影响。当前，实现和不断促进篮球运动技术的发展是篮球运动发展的需要，也是篮球运动员提高自身篮球运动能力的重要途径。具体来说，影响篮球运动技术发展的因素主要包括以下几方面。

第一，篮球运动技术发展的实践过程中，人是促进篮球运动技术不断发展的内在动力。从篮球运动技术的理论到实践、教学到训练、改进到完善、研究到创新，都需要人的不断努力，不同的体育人群对其发展具有一定的影响。例如，运动员的操作直接影响着技术的质量与发展；教练的组织、身教、经验等也是篮球运动技术发展的重要影响因素；科研人员的研究也对技术的发展起着引导作用。

第二，场地、器材、设备等一些外在因素在一定程度对篮球运动技术的发展起着促进作用。

第三，竞赛规则对篮球运动技术的发展有着导向作用，影响着攻守技术之间平衡与不平衡的发展。作为竞技性运动项目，篮球规则在一定的时间内会直接制约或推动着某些篮球运动技术的发展。

第四，篮球竞赛所创造的比赛环境与条件可促使篮球运动技术的提高。

第五，先进的科技手段，也对篮球运动技术的发展有着促进的作用。当今一些体育学科的基础学科和边缘学科的发展为篮球运动技术的理论和动作方法的更新提供了依据，起到了指导和论证的作用。

二、篮球运动进攻技术训练教学

对篮球运动进攻技术进行进一步的层次划分，可分为传接球、运球、持球突破、投篮、抢篮板球等技术。

(一)传接球技术训练教学

传接球技术是篮球比赛中进攻队员之间有目的地转移球的方法,是进攻队员在场上组织进攻、相互联系的纽带,也是实现战术配合的基本手段。

传接球技术是一项控制支配球技术。它包括传球与接球两方面。

传球可分为头上、肩上、胸前、体侧、背后、胯下等多种传球方式。传球是为了继续进攻,是持球队员利用各种手上动作通过身体的协调和手的用力控制球的落点、球的飞行路线以及球速,以便使球及时、准确、安全到达同伴手中,从而达到攻击的目的。

接球可以分为双手接球和单手接球两种。双手接球是最基本的接球方法,具有易学、牢稳、易于转换的特点。单手接球范围较大,能接不同方向和不同部位的来球。接球的目的是获得球。进攻队员所有实质性的进攻行动都是从接球开始的。

当代篮球比赛中,传接球的质量好坏对于战术执行质量的高低,以及进攻的成功率有着很大的影响,甚至会决定比赛最终的结果。因此,对于传接球的训练,教师应从快速、多变、对抗等方面去考虑,加强对学生判断能力和合作意识的培养,不断提高学生的快速反应与应变能力,提高学生传接球动作的合理性、及时性和准确性。

1.传接球技术训练要点

传接球技术训练首先应使队员正确认识传接球技术的重要性,明确传球与接球在篮球运动教学与训练中具有同等重要的地位。教师在组织传接球技术训练的同时,也要重视启发教育队员树立传接球的责任感和集体观念,培养他们主动配合的习惯。

传接球技术训练应由原地到行进间,由慢到快、由简到繁,由单个技术到组合或综合技术,由无防守到有防守,循序渐进地进行,逐渐增加练习的难度,提高练习的要求。

传接球技术训练应重点抓好手臂、腕、指的动作,强调动作的正确性,注意身体动作的协调用力,以保证传接球动作快速连贯、实效,再改变练习条件,提高学生传接球的熟练程度。教师要加强对学生弱手传接球技术的练习,发展和提高弱手传接球技术,以适应篮球比赛的需要。教师在增加练习难度时,要循序渐进，注意距离、方向、速率的变化和传球力量的运用，逐步提高要求。强调传与接之间的密切配合，同时在时间、落点、力量、摆脱等方面也应有所要求。

在传接球技术训练中，要重视培养队员充分利用视觉观察球和场上情况的习惯。要把传接球技术训练与观察判断能力的培养结合起来，与场上意识和战术配合结合起来。重视对抗条件下的传接球技术训练，强调传球的隐蔽性与不同情况下传球的落点，提高抗干扰传接球的运用能力。

在各种传球技术训练中，都强调传球要及时、快速、隐蔽、准确，重视传球手法的训练。在严格动作规范的前提下，对传球的准备动作和用力方法，应根据攻守对抗的实际要求，减小动作幅度、加快动作速度，传球时充分运用手腕、手指的力量，发挥腕、指肌肉群的爆发力，做到传球快速、突然、隐蔽。

接球训练时，要求学生积极认真，主动迎球。强调移动接球、行进间跑动时侧身接球、对抗中要抢位接球。加强各种不同条件下的接球技术训练，重视接球技术的实战意识与良好习惯的培养。应使队员明确能否顺利地接好球还与自身的移动能力有关。

在组织传接球技术训练时，教练应将练习中的跑动位置、移动路线、传球方式、传球路线、传球次数、变换方法交代清楚；重视对队员球场意识与相互配合能力的培养，从而使队员学会观察场上情况，提高相互协作的默契。

在队员基本掌握主要传接球技术动作的基础上，应组织多种传接球技术的学习，以便使队员尽快适应在变换条件下的传接球练习，适应实战的要求。

教师在抓好传接球技术训练的同时，应加强对学生传接球与其他技术的结合训练，重视传接球技术动作与投篮、突破、运球的衔接，以提高技术运用变化的能力。练习方法、手段应多样化，通过变换练习形式、改变练习条件，提高练习要求，改进队员传接球技术的运用能力。

重视传接球在战术配合中的运用，结合战术练习提高队员合理运用传接球技术的能力，通过比赛检验队员熟练运用传接球技术的能力。

2.传接球技术教学步骤

传接球技术教学应从原地传接球开始，然后组织行进间传接球教学。在此基础上，进行传接球技术与其他技术的组合教学，然后进行对抗条件下的传接球技术教学，在对抗形式下，逐步提高学生传接球技术的运用能力。

(1)原地传接球教学

原地传接球教学是传接球教学的基本形式，也是教学的初级阶段。在此阶段，学生首先学习原地双手胸前传接球，然后学习其他传接球方法。在教学中，学生通过原地不同形式的传接球练习，初步掌握原地双手和单手不同方式的传球，学会传向不同方向的球和接不同方向和高度的来球；重点掌握双手传接球的正确动作方法，从而触类旁通，促进其他传接球动作方法的学习和掌握。

(2)行进间传接球教学

行进间传接球教学是篮球技术教学的重点内容之一，也是进攻队员在比赛中运用较多的一项技术，是篮球技术考核的内容之一。行进间传接球教学内容主要有移动传接球和行进间传接球。

(3)传接球与其他技术组合教学

传接球与其他技术的组合教学主要包括传接球与运球技术的组合，传接球与投篮技术的组合等内容。

3.传接球技术教学建议

传接球技术教学应从持球动作开始，让学生首先掌握正确的持球方法，再进行传接球动作方法的教学。一般先教接球，再教传球，把传球和接球的教学与训练结合起来，先解决基本的、运用最广泛的传接球动作，以促进其他传接球动作、方法的掌握和提高。

传接球技术教学应从原地开始，让学生首先学习各种原地传接球的动作、方法，掌握基本动作、方法，强调动作规范与传接球手法。在此基础上进行移动传接球的教学与训练，重点解决接球和传球与步法协调配合的问题。之后再进行与其他技术相结合的训练。最后让学生在有防守情况下训练，以提高在实战中应用的能力。

在传接球技术教学中，应以双手胸前传球、单手肩上传球和双手接胸前高度的球为重点，严格动作规范，在此基础上，再进行其他传接球技术动作的教学。

在传接球技术教学中，教师可先教传直线球，再教传折线球，最后教传弧线球，并让学生交替进行练习，促进不同条件下传接球手法的掌握与巩固。

传接球技术教学初期练习方法不宜复杂，应首先解决原地如何接稳球和传准球，如何掌握传接球的用力方法与协调性的问题。然后，逐步过渡到行进间传接球教学，让学生掌握传球落点、球速与传球路线，掌握侧身跑动中的接球方法。

在此基础上，再变化练习条件，提高学生传接球技术的熟练程度，组织传接球与其他技术相结合的训练。最后，组织防守条件下的练习，提高学生在实战中运用传接球技术的能力。

在传接球技术教学中，要重视学生观察、判断能力的培养；加强对弱手的传接球练习，提高技术动作的协调性与应变性。

关于传接球技术的练习方法选择与运用，在开始阶段，可让学生以原地各种练习和移动中两或三人传接球练习为主。在他们基本掌握单个传接球动作和行进间传接球方法的基础上，再变换练习的形式，组织多人不同移动路线的传接球练习，逐步变化传接球的距离、改变传接球的次数、增加传接球的难度、提高传接球的要求，逐步提高学生传接球技术的熟练程度，并在以传接球技术为主要内容的条件下，结合其他技术进行练习，提高学生传接球技术运用的变化能力与实战水平。

（二）运球技术训练教学

运球技术是指持球运动员在原地或移动过程中用手连续向地面推送球并引拉借助地面反弹起来的球的技术方法。运球理论教学中，教师应以篮球运动的规律为依据，注意对学生篮球意识的培养，使其清楚地认识到在有防守中进行运球，要注意有机结合理论讲解与实践。运球实践教学中，教师要强调学生在运球练习中的抬头，养成积极观察场上情况的良好习惯，并注意对其弱侧手的训练进行重点指导。

1. 运球技术训练要点

运球技术是篮球比赛中队员合理地携带球的唯一方法，是队员持球移动、摆脱防守以及战术配合的基本手段。运球训练时应该牢抓运球的关键，同时结合多种熟识球性的辅助性训练，练好手上功夫与脚步动作的快速灵活性。还应该特别加强对水平较低队员的运球训练。

（1）身体姿势训练要点

运球时应保持两脚前后自然开立，两膝微屈，上体稍前倾，头抬起，眼睛平视。非运球手臂屈肘平抬，用以保护球。脚步动作的幅度和下肢各关节的屈度随运球速度和高度的不同而有所变化。

（2）手臂动作训练要点

运球时，五指张开，用手指和指根以上部位及手掌的外缘触球，掌心不触球。低运球时，主要以腕关节为轴，用手腕、手指的力量运球；身前高运球和变向高运球时，主要以肘关节为轴，用前臂和手腕、手指的力量运球；体侧或侧后的提拉式高运球主要以肩关节为轴，用上臂、前臂、手腕、手指的力量运球。

拍按球时，手应随球上下迎送，尽量延长控制球的时间，这样有利于保护球和根据场上情况改变动作。拍按球的部位是由运球的方向和速度来决定的。拍按球的部位不同，运球的入射角和球反弹起来的反射角也不同。原地运球时，拍按球的上方；向前运球时，拍按球的后上方。

（3）球的落点训练要点

运球时应控制球的落点，使球完全保持在自己所能控制的范围内，以便随时利用自己的上体、臂、腿来保护球，而且也要便于技术运用。例如：运球向前推进无防守时，球的落点应控制在身体的侧前方，并根据推进速度保持适当距离；在对手紧逼防守时，应使球远离对手，采用对侧防守的运球方法，将球的落点控制在身体的侧后方，以便更好地保护球和及时抓住时机变换运球方法突破防守。

（4）手脚协调配合训练要点

运球时既要使移动速度和运球速度协调一致，又要保持合理的动作节奏。能否保持脚步动作和手部动作协调一致，关键在于按拍球的部位、落点的选择和力量大小的运用。脚步移动速度越快，拍按球的部位越靠后下方，落点越远，拍按球及反弹起来的力量越大。运球时，手拍按球和脚步动作要保持一定的比例关系和节奏。直线运球时，一般拍一次球跑两步。

2. 运球技术教学步骤

（1）原地运球教学

原地运球教学是运球教学的基本形式，是学习与掌握行进间运球技术的基础，是学生正确掌握运球动作方法的重要步骤。原地运球教学的主要任务是，使学生建立正确的技术动作概念，掌握原地运球技术动作方法，明确动作要领。原地运球教学的主要内容包括高运球、低运球、原地转身运球、背后运球、胯下运球、原地换手运球等。

（2）行进间直线运球教学

行进间直线运球主要指行进间高运球，它是行进间运球的一种基本形式，也是运球技术在比赛中最常见的运用方法之一，常用于持球队员从后场向前场推进时，或运球快攻或行进间接球后快速运球上篮时。学习与掌握直线运球方法不仅有利于使学生掌握运球技术的运用方法，还有利于提高学生运动中控制球的能力，也是学习和掌握其他运球突破技术的基础。

行进间直线运球教学的主要内容有行进间高运球、低运球等。行进间直线运球的要求如下：上体稍前倾，抬头自然向前跑，按拍球的后上方，使球落在身体的前侧。

3. 运球技术教学建议

在运球技术教学中，教师要将运球基本功的教学与训练重视起来，促进学生控球、支配球的能力的提高。在学生对运球动作初步掌握后，教师应要求学生抬头练习运球，主要运用手感来控制球，使学生养成正确的习惯。

在进行运球技术教学时应先进行原地运球技术的教学，使学生在简单条件下正确掌握各种运球技术动作方法的基础上，再进行移动的运球练习，然后组织行进间运球技术教学。

在组织原地运球教学时，可先让学生进行熟悉球性的练习。在练习中，注意技术练习的安排必须涉及左右手技术。

在单个技术动作教学后，再进行运球的组合技术教学，逐渐增加单个技术组合的数量。然后再进行运球与其他技术的结合教学，安排技术组合练习时要从简单到复杂。

在进行完各种运球技术练习且学生运球技术达到一定水平后，运球练习可由无对抗练习过渡到对抗练习，再进行实战练习，增强实战中技术的运用能力。

运球技术练习中，学生应始终注意运球身体姿势的规范和视野的观察（抬头观察周围，用余光注视球）。教师可以安排特定的练习，提高学生运球时的观察能力以及大脑的随机反应能力。

关于教材内容的安排，教师应先教高运球、低运球，在学生基本掌握其技术动作方法的基础上，再组织行进间高运球和低运球的练习，然后结合脚步移动技术学习行进间运球急停急起，再教体前变向换手运球、体前变向不换手运球、背后运球、转身运球、胯下运球等。

(三)持球突破技术训练与教学

持球突破技术属于攻击性进攻技术,实用性较强,在篮球比赛中运用十分广泛。因此,在持球突破技术训练与教学中,教师要遵守篮球运动的基本规律,遵循科学的教学原则,运用恰当的教学方法,有机结合理论与实践,合理安排持球突破技术训练与教学。

1. 持球突破技术训练

持球突破技术是由蹬跨、转体探肩、推按球和加速这几个环节组成的,各环节训练要点如下。

(1)蹬跨环节训练要点

队员在突破前,两脚左右开立,略宽于肩,屈膝降低身体重心,重心落在两脚之间,两脚踵稍提起。双手持球于胸腹之间,注意保护球。突破时,用虚晃或瞄篮等假动作吸引对手,移动脚前掌内侧蹬地的同时,中枢脚用力碾地,上体前倾并转体,重心前移,以带动移动脚迅速向突破方向跨出。跨出的第一步要稍大,以缩小后蹬腿与地面所成的角度,增加后蹬力量,争取第一步就接近甚至超越对手。第一步落地后,膝关节要保持弯曲,脚尖指向突破方向,以便第二步的蹬地加速。

(2)转体探肩训练要点

学生在蹬地跨步、上体前移的同时,要转体探肩,使身体重心继续前移,加快突破速度,同时占据空间有利位置和保护球。

(3)推按球训练要点

学生在蹬跨、转体探肩的同时,应将球由体前推引至远离防守队员一侧,并在中枢脚离地前推按球离手,球落于跨出脚前的外侧,用远离对手一侧的手运球,使球反弹高度在腰膝之间。

(4)加速训练要点

在完成上述动作后,学生已获得起动的初速度,这时中枢脚要积极、有力地蹬地,加速超越对手。

2. 持球突破技术教学内容

教师应在贯彻由易到难、由简到繁的原则的基础上进行持球突破技术教学。教师应先讲解与示范单个技术,再传授组合技术,最后使学生在对抗中学会运用技术;应要求学生分别以左、右脚为中枢脚进行练习。

（1）行进间运球突破技术教学

行进间运球突破技术是比赛中持球队员运用各种运球技术突破、摆脱对手的主要方法，也是持球队员突破对手运用最多的一种技术。行进间运球突破技术教学内容主要有运球急停急起、体前换手运球、背后运球、后转身运球、胯下运球。

（2）持球突破技术教学

持球突破技术是一种多环节的组合动作技术，也是进攻队员必须掌握的一种攻击性技术。在持球突破技术教学中，既要重视各环节的动作要求，又要重视各动作之间的衔接与动作的连贯性，做到动作规范、快速突然；应将持球突破动作与假动作结合起来，与投篮技术相结合，使学生掌握持球突破技术的运用方法。在持球突破技术教学中，一般先组织原地交叉步持球突破技术教学，再让学生学习原地同侧步持球突破技术。

3. 持球突破技术教学建议

在进行持球突破技术教学时应先教交叉步持球（向右、向左）突破，后教同侧步、后转身、前转身（向右、向左）突破。

教师可先安排学生进行无防守情况下的持球突破练习，后组织消极防守下的持球突破，再教积极防守下的持球突破。

教师可先教持球（向右、向左）突破的单个技术动作，再让学生结合突破上篮、跳投、传球等技术动作进行练习；可先教各个角度、距离的突破技术，再教各个位置上的突破技术。

教师可先教个人对抗下运用的突破技术，再教集体配合下运用的突破技术。

教师应对学生的突破意识进行培养，促进学生观察判断能力的提高，使学生将突破时机掌握好。

教师应对学生勇敢、顽强的精神与意志品质进行培养，使学生敢于在贴身紧逼中正确运用突破技术；同时，应注意培养学生对突破技巧灵活掌握的能力，使学生逐步学会利用位置差、时间差、假动作和节奏变化等将自身的突破威力充分发挥出来。

（四）投篮技术训练教学

投篮技术即在篮球比赛中进攻队员将球从篮圈上方投入对方篮筐所采取的各种专门动作方法的总称。投篮技术是篮球运动发展的核心内容，也是篮球运动教学中的重点内容。教师要遵循由简到繁、循序渐进的原则，运用正确的教学方法使学生掌握投篮技术动作的概念，了解投篮技术的一般规律；应重点使学生科学把握各个投篮技术动作的内在联系，并能在实战中灵活运用。

1. 投篮技术训练要点

投篮技术是一种重要的进攻技术，在训练的不同阶段或每次课都应安排投篮技术的练习，并应注意动作正确性和强调命中率；把投篮做到课课练，以强化学生的投篮技术，提高投篮命中率。

投篮技术训练应首先抓好原地投篮，原地投篮能使学生基本掌握投篮的动作方法与要领，严格动作规格；同时强调投篮动作的协调和基本环节，抓好投篮的手法，强调投篮的抛物线和球的旋转。

在初始教学阶段，教师应遵循由近到远、由一点到多点的练习原则，让学生逐步掌握在不同距离处和不同角度投篮时的瞄篮方法与用力方法。

在学生基本掌握正确的投篮方法的基础上，逐步加大投篮的练习密度，使学生在一定运动量的状态下，提高投篮的命中率和动作的熟练程度。

投篮技术的训练应与学生在球队中的位置技术结合起来进行，根据学生的不同位置练习各种投篮方法，以逐步形成学生自身的技术特点。例如，中锋的篮下各种投篮、前锋的接球或运球急停跳投、后卫的突破急停跳投与三分远投等。

在投篮技术训练中，应提高身体训练程度。身体训练程度对投篮命中率有明显的影响。没有充沛的体能，在高对抗情况下很难保证投篮命中率。因此，应把投篮训练和体能训练结合起来，在一定的强度下，限制一定的时间和数量去完成各种投篮练习。

在投篮的训练中应重视学生的投篮心理训练，逐步提高学生抗干扰的能力，使学生能在各种心理压力下提高投篮命中率。

在组织好投篮技术训练的同时，应加强投篮与运球、传接球、假动作等技术动作的组合练习。设置不同场景的投篮训练，以达到投篮技术的熟练与稳定。

可根据学生的训练水平与训练任务，把投篮训练与全队的战术配合结合起来进行练习。加强投篮在战术练习中的训练，结合不同的战术体系，使学生在各种战术运用状况下熟练掌握和合理运用各种不同的投篮技术，既提高学生的投篮命中率，又增强他们的配合意识。

2.投篮技术教学步骤

在投篮技术教学中,可按照原地投篮—行进间单手肩上投篮—行进间单手低手投篮—原地起跳投篮的顺序教学。

教师通过讲解、示范使学生形成正确的投篮技术动作定型。在学生对投篮的基本手法和步法有所掌握的基础上,练习次数、距离、难度、强度、密度等要素可逐渐增加,提高练习难度,并安排学生在攻守对抗条件下练习,促进学生投篮运用能力的提高。

3.投篮技术教学建议

在投篮技术教学中,教师要结合传接球、运球、突破、假动作、抢篮板球等技术安排投篮练习,对学生的应变能力进行培养。

投篮技术教学应从持球开始,持球是投篮时是否牢固地控制球和完成投篮动作的前提,然后再让学生学习投篮技术动作。在教投篮的过程中,教师应将重点放在学生的全身协调用力、抬上臂伸前臂、全身力量以及最后出手时手指和手腕的抖、翻、拨球这几个环节上。

在教学中,应贯彻"从简到繁""从慢到快""从无防守到有防守"的教学原则。一般应先进行双手胸前投篮教学,再进行单手肩上投篮教学;先进行原地投篮教学,后进行行进间上篮和跳投教学。

投篮技术教学应建立在正确概念和形成正确动力定型的基础上。因此,在练习初期,教师要严格要求,及时指出、纠正错误动作;在掌握正确动作的基础上逐渐加大练习难度。

在教学中,应以原地单手肩上投篮和行进间单手投篮、跳起单手肩上投篮为基础带动其他投篮技术的教学。教学行进间上篮时,应先教高手上篮,再教低手上篮,然后再教勾手上篮和反手上篮,应从易到难进行练习。

在进行跳投技术教学时,应先教原地跳起单手肩上投篮,再教移动接球急起急停,最后教运球急起急停跳投,还可以教转身跳起投篮动作方法。

教师应注意投篮技术和其他技术的组合训练,如传接球、运球、突破和抢篮板球等,以及假动作的组合训练,还应让学生在比赛中多体会投篮技术运用的时机和效果。

在教学中,应加强心理训练和体能训练。良好的心理素质和体能可以在一定的压力防守下保证学生投篮技术水平的正常发挥。

现代篮球运动对抗越来越激烈，学生在掌握正确的投篮技术的同时，还要进行对抗条件下的投篮练习，提高自身在有防守情况下运用技术的能力，还要进行配合投篮、投抢练习，培养自身的配合意识。

（五）抢篮板球技术训练教学

抢篮板球技术是比赛中投篮不中、球碰篮板或篮圈后，双方为争夺控制球权而展开的时空对抗行动，是一种典型的空间争夺球技术。抢篮板球是比赛中攻防转化的分界点。抢篮板球技术具体包括抢进攻篮板球与抢防守篮板球两种。

在现代篮球比赛中，由于运动员运动素质的提高，拼抢人数增多，对抗性增强，抢篮板球时的身体接触增多，技术动作力量更强，制高点上升，滞空能力增强，从而使高空争夺更为激烈，二次进攻和反击速度也大大加快。因此，抢篮板球技术的训练，必须在提高运动素质的基础上，加强个人拼抢意识与能力的训练、地面争夺与空间争夺结合的训练、扩大控制范围以及摆脱能力的训练。有组织地集体抢篮板球是抢篮板球技术的发展方向。

1. 抢篮板球技术训练要点

抢篮板球技术是一项较复杂的技术，虽然抢前、后场篮板球在技术运用及动作方法上有许多不同点，但在抢篮板球技术动作结构方面又具有共同点。抢篮板球技术由抢占位置、起跳动作、空中抢球动作和获球后动作所组成。

（1）抢防守篮板球训练要点

在篮球比赛中，抢防守篮板球是由守转攻的起点。如果本方在投篮不中的情况下，能成功地控制防守篮板球，就必然能够更好地在比赛中掌握主动权。处于篮下防守，当对手准备投篮时，以对手的投篮位置与移动情况作依据，运用上步、撤步和转身等动作阻截对手，使其位于自己的身后，同时防守队员还要注意对有利的位置进行积极抢占。在篮下抢位挡人时，一般采用后转身挡人的方式，降低重心，两肘外展，以抢占空间面积，并保持最有利的起跳姿势。具体来说，抢防守篮板球技术训练要点具体如下。

首先，防守运动员应明确对手抢到篮板球会给本方造成多大的威胁，必须增强拼抢防守篮板球的意识，充分利用靠近篮圈的有利条件，养成先挡人后抢球的习惯。

其次，在实施抢防守篮板球前，要做好准确观察判断、预堵、转身阻挡、起跳与抢球，保持正确的站位姿势，即两膝弯曲，上体稍前倾，重心放在两脚之间，两臂屈肘侧张占据较大面积。

再次，当对方投篮出手后，应注意对手的动向，并根据当时与进攻队员所处的位置和距离的远近，运用上步、撤步和转身抢占有利位置，把进攻队员挡在身后，同时还要判断球的落点准备起跳。起跳时，前脚掌用力蹬地，提腰向上摆臂，同时手向球的方向伸展。如果在空中没有传球，落地时应保持身体平衡，侧对前场，将球置于胸腹之间或头上，以便运用传、运、突等技术。

最后，抢防守篮板球动作应一气呵成，使对手来不及调整计划。

（2）抢进攻篮板球训练要点

积极拼抢进攻篮板球是一个重要的进攻行动，是争夺控球权的重要方法，对防守运动员具有较强的杀伤力。一般地，抢进攻篮板球时，进攻运动员站在防守运动员的外侧，处在不利于直接抢篮板球的位置。因此，当本方运动员投篮时，要快速移动，合理运用假动作，使摆脱动作突然、有效，且富有攻击性。

抢进攻篮板球是一个复杂的动作组合，主要包括观察判断、迂回起动、抢位冲抢、抢球几个环节，具体如下。队员观察对手防守动向，判断球反弹的方向、速度和落点，并注意篮板球反弹的多向性；然后迅速迂回到有利位置；强行抢位或者直接冲抢；抢球要猛狠，以迅雷不及掩耳之势得球。再具体来说，处在外线位置的队员抢篮板球，当同伴投篮时，如进攻队员面向篮筐，在观察判断好球的反弹方向、速度和落点后，突然起动冲向球反弹方向进行补篮或抢获篮板球。以从防守人身后左侧冲抢为例，进攻队员面向篮筐时，右脚向右侧跨步，向右侧做假动作，随后以左脚为支撑脚，右脚向左跨出一小步，重心移至左脚，同时右脚立即向前跨步绕前，挤靠防守人，从而跳起抢篮板球或进行补篮。因此，准确判断进攻时间、绕步冲阻，并及时起跳，以补篮或组织第二次进攻是进攻队员需要注意的方面。

2.抢篮板球技术教学步骤

在抢篮板球技术教学中，教师要按照原地起跳抢球、移动、抢位、挡人、起跳抢篮板球完整技术的步骤进行教学，并在最后组织对抗条件下的抢球练习。

在抢篮板球技术教学中，教师首先要使学生对抢篮板球的重要性有所明确，注意对学生顽强的战斗作风和积极拼抢的意识进行培养，使学生养成每投必抢的好习惯。要使学生了解投篮不中时球的反弹、落点规律，并在此基础上对学生抢进攻篮板球的冲抢意识和抢防守篮板球的挡抢意识进行培养。

3.抢篮板球技术教学建议

在抢篮板球技术理论教学中，教师应让学生充分了解抢篮板球技术在篮球运动中的重要意义，帮助学生建立投篮必抢篮板球的思想观念，使学生掌握抢篮板球技术的特点及运用规律。同时，教学过程中，教师还应注意将抢篮板球技术的动作结构与一般规律作详细讲解，使学生建立完整的抢篮板球技术概念。具体来看，包含以下几方面。

第一，抢篮板球技术的教学应遵循先易后难、先简后繁、先单人后对抗的教学原则。教师要教会学生如何判断篮板球的落点，掌握篮板球的反弹规律与起跳时机，提高对场上情况的观察力和对篮板球落点的判断力。抢篮板球技术的关键是抢占有利位置，因此必须使学生养成移动抢位的习惯和较强的抢篮板球意识。在教学中可多组织不同形式的练习方法，如采用一对一、二对二、多对多、少对多、多对少的不同配对形式进行练习。

第二，在抢篮板球技术实践训练中，组织学生的技术动作练习应建立在详细讲解技术的基础之上。具体来说，教师可用分解法、完整法和比较法等实践教学方法，先进行技术的分解教学，后进行技术的完整教学，使学生运用抢篮板球技术的能力不断提高。

第三，训练过程中，教师应逐步增加抢篮板球技术的练习负荷与难度，并结合移动、运球等其他技术进行抢篮板球技术训练；应根据篮球技术的攻守特点，对学生的练习不断提出新的要求，促使其争抢篮板球的综合运用能力得以提高。

第四，抢篮板球要结合弹跳练习，加强身体空中合理对抗训练；通过比赛实战来巩固、提高学生运用抢篮板球技术的能力。

三、篮球运动防守技术训练教学

对篮球运动的进攻技术进行进一步划分，具体包括防守对手、抢球、打球与断球等技术。本书主要就防守对手技术训练教学展开详细介绍。

（一）防守对手技术训练

防守对手是指防守队员为阻挠和破坏对手的进攻，运用脚步移动和手臂动作，积极抢占有利位置，以达到争夺控制球权的目的而采用的各种专门动作方法的总称，亦称个人防守。它包括防守无球队员的和防守有球队员两方面。防守对手既是个人防守技术，也是集体防守战术配合的基础，是全队防守战术构成的基本要素。

1. 防守无球队员技术训练

在篮球运动中，防守对手是一项综合性的个人防守技术，对无球进攻队员的防守尤为重要。在篮球比赛中，防守无球队员的主要任务就是尽力去干扰和破坏对手的摆脱与接球。因此，在防守无球队员技术教学中，教师应先对学生进行防守意识的培养，使学生高度重视在运动中对无球队员的防守，而不是迫切地跟球移动。此外，在防守无球队员技术教学活动中，学生对场上对手的位置的判断是教学重点之一，这是防守中打乱对方接球意图，使对方接不到球的关键。

（1）防接球技术训练

在防守技术中，防接球是防守无球队员的首要任务。防接球技术需要注意以下几方面。

第一，防守无球队员应具有较强的预测性，在对手试图接触球时，能够积极采取行动阻止或减少对手接触球。

第二，当接球队员处于被动情况时，防守队员也要积极跟防、追堵，破坏对手顺利接球。

第三，正确处理"球—我—他"的关系。防守队员在防接球时，应在自己的视线范围内时刻关注对手和球，并做出准确的防守动作，膝盖弯曲，降低身体重心，保证向任何方向都能够随时起动；要特别注意衔接起动与移动步法，并注意控制平衡，在动态中始终保持在对手与球之间偏向对手一侧的断球路线上，同时伸出同侧手臂形成"球—我—他"的钝角三角形的防守选位。

（2）防切入技术训练

防切入也是篮球运动中防守无球队员的一种重要方法，是指防守进攻队员试图切入或摆脱进攻队员的切入。在防切入时，要同时防守人与球，在不能兼顾的情况下，主要防人，使球和人始终在自己的视线范围内。当对手企图进攻时，主要可以采取的防守方法有凶狠顶挤、上步堵截、抢前等，阻止对方及时进攻。如果对手的切入方向与迎球方向相同，则主动防守进攻队员的后方，以此来切断对手的接球路线。

（3）防摆脱技术训练

防摆脱指的是限制和封堵无球进攻队员的摆脱。在篮球比赛中，防摆脱能够有效防守无球进攻队员。在后场进攻中，队员通过快下接球攻击进行摆脱，这时防守队员一定要主动防止其进攻动作。在篮球比赛中，抢占有利的防守位置是防守无球队员的关键。

2. 防守有球队员技术训练

有球队员在篮球比赛中可直接进攻投篮，因此，防守有球队员是十分重要的。教学中，教师应详细讲解针对不同的有球队员的具体防守技术，同时强调学生在比赛中的合理站位，这对学生有效运用篮球运动技术是十分重要的。

（1）防运球技术训练

防守对方运球的目的主要是降低对方的运球速度，迫使对方改变其运球的方向，不让对方向篮下运球，防止其在运球过程中进行突破。

一般情况下，为了不让对手运球超越自己，防守者应该与对手保持一臂左右的距离，双臂侧下张，两腿弯曲，在移动过程中始终保持正确的防守姿势，通过认真判断随时准备抢、打球。要想让自身的防守更加具备攻击性，也可采用贴近对手的平步防守，从而扩大防守的范围，增加对手完成动作的难度。在防守过程中，不应该用交叉步进行移动，而应该用撤步与滑步，同时还应该抢在运球者的前面半步到一步距离进行阻挡，迫使对方向边线、场角或者双方队员比较拥挤的地方运球。当进攻者通过变速变向、急起急停等方法来摆脱防守时，防守者应该在其变换动作时及时抢前向后移动，占据有利的位置并控制好身体的平衡，快速变换自己的步法进行阻截。

（2）防传球技术训练

防传球时，要根据持球人的特点选择不同的防守方式。当持球人以组织为主，且距离篮筐距离较远时，其第一选择是通过转移球来帮助球队获得良好的进攻机会。此时防守者在防守时应根据对方的位置和视线来判断传球意图，与队友保持交流，知晓对方非持球人的站位，避免对方通过传球直接得分或获得多个进攻位置。防守方在进攻方接球后应选择适当的位置，保持适当的距离和身体平衡，专注于球，并根据对手的位置、动作和视线判断其传球意图，进行干扰或封堵。防守者应特别警惕对手向近框球员传球，尽量迫使对方在外线转移球，消耗对方的进攻时间，压缩对方的进攻空间。如果进攻方持球人传球选择不够坚决而形成死球，应立即上前逼抢，封堵其传球路线。在对方传球后，要时刻警惕对方的空切，因此，防守对位时不能只看球，也要兼顾非持球人。

（3）防突破技术训练

防突破的主要目的是防守进攻队员的持球突破，它主要包括防守背对篮筐突破的持球队员与防守面向篮筐的持球队员两种类型。

第一种，防守背对篮筐突破的持球队员。这种防守方法主要用于近篮区背向或者侧向篮筐接球的情况，防守者应该保持"你—我—篮"的有利位置，不要靠对手太近，应该保持适当的距离。对方接球之后是两脚前后站立时，如果后脚能够做中枢脚转身突破，就应该对其转身一侧多加防范，与对方同侧的脚向后撤半步，手臂侧伸，另一手臂封锁住对手一侧；当对方转身变向突破时，防守队员应该随之向后撤，之后前逼、侧跨步阻截；对手在接球时如果两脚平行站立，就应该根据对手接球位置离篮的远近进行防守，距离比较近时以防投篮为主，而距离较远时应该以防突破为主。

第二种，防守面向篮筐的持球队员。位置的选择对于防守面向篮筐的持球队员来说非常重要。防守队员应该根据进攻队员接球的位置、与篮筐的距离与角度、来球的方向以及同伴防守位置的情况，堵强放弱、放一边、保一边，让对方改变方向，变换突破的步法，降低起动的速度，从而有利于自己及时抢角度，通过撤步或者滑步让对方无法超越。

（4）防投篮技术训练

防投篮的根本目的在于防止对方投篮得分，因此防守队员应该做到球到人到。一般防守队员可以采取斜步防守贴近对手（一臂距离，能伸手打到球），同时举臂挥动，干扰进攻队员投篮的意图，迫使对方改变动作，同时用另一臂伸向侧方，防止对手的运突或者传球。准确判断对手是否要投篮，识别其真假动作，及时起跳伸直手臂进行干扰，封堵其出手角度，改变投篮的飞行弧线，降低其投篮命中率。对手投篮球出手瞬间手臂及时干扰和封盖，防守队员的反应应该迅速，这是防守队员防投篮的关键所在。

（二）防守对手技术教学

1. 教学步骤

在篮球防守对手技术教学中，教师应循序渐进，进行理论教学时，应深入浅出、由简易向困难过渡，同时将防守战术理论与实践结合，在学生掌握基本防守战术后，再增加防守战术的实战运用。起初可以在低强度训练下检验学生防守战术的掌握程度，在基本熟悉防守站位和换防等方式后，可以增大训练强度，模拟真实对战环境，从而为学生提供更逼真的防守战术的指导。

防守对手技术教学的一个关键是培养学生积极防御的意识，激发他们对攻击性防守的积极主动态度，使他们养成勇猛顽强、勇于拼搏的防守精神。

在防守对手技术教学中，要特别重视转化训练，即从防无球到防有球、从防强侧到防弱侧进行转化。

2. 教学建议

教师应向学生讲解、示范防守对手的基本站位方法、防守距离、姿势和移动步法，使学生建立明确的动作概念，初步掌握正确的动作规范。然后遵循由简到繁、由易到难的原则，增加防守内容，设定不同区域，限定相关条件。教学时，首先应使学生明确防守对手选位的基本原则，可先学习防守无球队员，再学习防守有球队员，先在消极进攻情况下练习，然后在积极对抗的情况下练习。

防守对手技术练习应先在原地进行，让学生体会动作方法和难点，然后在行进间学习和掌握正确的动作方法，在此基础上逐渐组织对抗性的防守练习。

防守对手技术练习一般可在课的基本阶段比较集中地进行，使学生保持充沛的精力与注意力，提高防守教学的质量。在防守的基本技术练习中，要强调防守在篮球运动中的重要地位及对提高其他各项技术水平的重要作用，强调学生应自觉地学习和练习。

防守的脚步移动是防守对手的基础，在教学中应特别给予重视。一般可在准备活动中组织防守脚步动作的练习，并可把防守的脚步移动与专项身体训练结合起来练习，不断提高学生防守的快速移动能力。

第三节　校园篮球运动战术理论与训练教学

篮球运动战术是指在比赛中队员之间有策略、有组织、有意识地协同运用技术进行攻守对抗的布阵行动，是以篮球运动技术为基础，在战术指导思想和战术意识支配下的集体攻守方法。篮球运动战术的核心包含人、球移动的路线，技术方法的选择与组合，动作时间与攻击区等具体内容，从而表现为队员的个人攻守行动、队员间的配合行动及全队队员的整体行动配合。

篮球运动战术是篮球运动技能的重要组成部分，也是篮球运动训练的重要内容之一。篮球运动员在比赛中合理采用战术可以充分发挥个人作用与集体力量，保证整体实力，从而制约对方，掌握主动权，获得更多的投篮机会。

篮球运动战术教学与训练是篮球专项课程的重要组成部分，是为篮球比赛进行战术准备的过程，其目的是使学生在比赛中能有效和有组织地进行攻守对抗，争取比赛的胜利。

一、关于篮球运动战术理论的阐述

篮球运动战术可以被定义为，在篮球比赛中，队员有目的地运用技术，通过组织和协同的方式来进行攻守对抗的行动。这些行动基于一定的战术指导思想和战术意识，旨在最大化团队的优势并取得比赛胜利。

作为篮球运动的重要组成部分，篮球运动战术是比赛中发挥集体力量和个人作用的手段。把队员组织起来，从而使整体实力和个人特长的发挥得到保证，进而对对方产生一定的制约作用，掌握比赛的主动权，争取比赛的胜利，是篮球运动战术的主要目的。

（一）篮球运动战术体系构成

1.战术指导思想

战术指导思想对于篮球运动战术中各个方面的确立和行动都起着决定性的作用。战术指导思想对比赛中篮球运动战术的运用起着非常重要的指导作用。正确的战术指导思想往往取决于教练是否能够对篮球运动规律和客观实际有着清晰的认识。战术指导思想包含两个层面的意义。一是指在篮球运动训练与比赛活动全过程当中都应执行的指导原则，这种指导原则被称为长期性战术指导思想。积极主动、勇敢顽强、快速灵活、全面准确等口号实际上就是在全队中注入了这种战术指导思想。二是针对某一场比赛或某几场比赛而专门制定的战术方法的原则，如稳扎稳打、以快制高、以外制内、内外结合等。一支篮球队确立自己的战术指导思想是非常重要的，能够确保球队的战术体系风格鲜明，使战术在比赛中贯彻得更加有效。

2. 战术意识

战术意识是篮球运动战术活动中一种心理的呈现，它能够体现人的思维是否能与战术设定相符，是运动员根据时下情况对战术的一种反映。战术意识明确反映了运动员的战术思维能力，是球员在训练比赛中累积而成的宝贵经验，这些经验将保证球员在比赛中非常自然地根据战术意图和实际情况选择更为合理的行动方案。战术意识在比赛中的定向、抉择、反馈、支配等作用能够令运动员的战术能力得到更好的体现。

3. 基础技术

良好的技术是正确执行战术的基础条件，队员相互之间能够合理地运用技术才能体现出战术意图。队员全面实用、准确熟练的技术能够保障战术的执行。技术与战术之间紧密相连、不可分割，在比赛中的分析往往也是放到一起的。根据运动活动理论可以知道动作和行动在比赛活动中是作为基本要素而存在的，动作相连构成了行动。因此技术是战术行动中最基本的要素，没有技术，战术也将不复存在。

4. 基本阵势

在篮球运动战术活动中，阵势是指其形态和方式。战术行动从外在来说就是反映着特定战术内容的阵势，这在战术当中也是不可略的要素。战术的形式都用专有词汇来命名。战术的阵势可以从各个方面加以理解，从而使各种攻守战术的特点淋漓尽致地体现出来。

5. 战术方法

战术方法具体来说就是篮球运动战术当中所包含的原则、要求以及程序等部分，主要包括场上运动员位置的安排、运动员的移动路线、球的传递路线以及赛场上的随机应变等内容。战术方法对比赛中的各项因素加以规定，对战术中运动员选取技术动作以及组合的方式等许多方面产生影响。战术方法的执行对运动员的技术能力有非常高的要求，同时阵势的设定也发挥着重要的作用。

技术作为战术当中的基础，而阵势则是外在的表现，方法在战术当中则是核心因素。战术指导思想是在篮球比赛中必须贯彻的重要思想。战术意识是运动员在场上的行动指南，行动又能够将意识反映出来，所以这两者的互动影响着战术的运用。

（二）篮球运动战术体现的特征

现代篮球运动竞赛的竞争十分激烈，运动员需在高速度、高强度的环境下及时果断地采取相应的对抗策略，并且必须具备超强的体能。在这一现实背景下，篮球运动战术也呈现出新的特征，不管是数量上，还是质量上，都有了新变化，具体特征分析如下。

1. 原则性和机动性

在篮球比赛中，我们总能够看到制约和反制约、限制和反限制的情境，而且运动员不管采取什么战术行动，都是在这些情境下完成的。一方面，篮球运动队必须事先确立一个统一的指导思想，所有队员都要在这个思想的指导下协调配合行动，这样集体的优势力量才能发挥出来；另一方面，因为篮球比赛形势错综复杂、变化莫测，所以每个运动员都要具备良好的随机应变能力，但总体上来说必须遵循统一的原则，并在此基础上发挥个人的能动性和特长，这样才能牢牢把握战机，赢得胜利。

2. 进攻与防守的统一

现代篮球运动竞赛中，进攻与防守这对矛盾贯穿于整个比赛过程中，而且直接从运动员的战术行动中体现出来。进攻与防守这对矛盾双方在篮球运动战术中是共同存在的，即防守战术中含有进攻意识，进攻战术中含有防守因素，每一个战术都是兼具攻防性质的。例如，在全场紧逼盯人防守中，局部夹击配合的防守战术会导致攻方出现失误，这就是攻击因素在防守中的体现；而在进攻战术的基础配合中，运动员随时都在准备争抢前场篮板球，同时注意后卫队员的及时后撤，这样就能维持攻与守这对矛盾的相对平衡。

3. 个体性和整体性的统一

通常，我们在篮球赛场上看到的战术都是以集体行动呈现出来的，但具体而言，赛场上每位篮球运动员的战术行动，一方面是其个体的具有个性化的活动，运动员的个性及其技术能力往往就是从其个体行动中反映出来的；而另一方面是在篮球比赛中，每个队员扮演着不同的角色，需要相互配合、相互支持、相互信任，以取得整体战术的最佳效果。篮球运动战术的实施需要运动员之间的默契配合和密切协作。个人活动的创造力和行动力虽然重要，但团队协作具有巨大的优势，所取得的成就也是个人无法比拟的。只有通过队员之间默契配合，在战术行动中紧密合作，才能充分展现战术的价值，并实现所期望的战术目标。团队合作和协同是篮球运动战术成功的关键所在，只有通过良好的协作，各个队员才能在战术中找到最佳的位置，并相互支持，才能够在比赛中取得胜利，这也反映了篮球运动战术个体性和整体性的统一。

篮球运动战术个体性和整体性的统一特征要求在篮球比赛中对整体与个体之间的辩证关系进行正确处理，而且在平时的篮球训练中，不仅要培养队员个人的技战术能力，还要注意集体力量的优化与提高。

4.多样性和综合性的统一

篮球进攻与防守战术的方法与手段丰富多样，而且在战术运用过程中也是比较灵活的，每个队多综合采用两种或两种以上的战术来达到攻防目的。

现代篮球运动战术随着篮球比赛激烈程度的提高而不断更新与发展，具体体现为内容更加丰富、形式更加灵活。篮球运动员只有对多样化的战术形式与方法加以吸收与内化，并灵活、综合地加以运用，才能在比赛中完成战术任务，在面对各种临场情况时才能应对自如，才能更好地去争取比赛的主动权。篮球运动比赛中战术的综合运用主要体现在以下两方面。

第一，篮球战术行动上的统一，即进攻与防守的统一。

第二，采用一种篮球进攻战术应对多种篮球防守战术；利用混合防守、综合防守的形式应对不同形式的篮球进攻战术。综上可知，篮球运动战术行动具有多样性和综合性统一的特征。

（三）篮球运动战术的攻防原理

1.篮球进攻

（1）阵地进攻

在篮球运动比赛中，队员按本队既定的进攻战术配合方案，在合理进攻阵型落位的基础上向对方发起进攻，旨在获取得分的进攻方式就是所谓的阵地进攻。

在阵地进攻中，进攻方要将本队特长充分发挥出来，对对方的防守打法进行限制，要对本队的阵型落位进行合理控制与把握。一般以防守战术需要和本队特点为依据来安排与确定落位，主要贯彻"有利于发挥本队进攻威力"这一准则。

（2）反攻

由防转攻的进攻过程就是反攻（反击）。一般来说，抢获后场篮板球，制造对方失误或犯规掷界外球，抢、断对手的球等情况出现时都是赛场上比较适宜的反攻时机。

反攻时，无球队员应以战术需要和临场情况的变化为依据合理采取行动。有的无球队员要选位接应，有的应当积极地选择跑向前场，总之无球队员要根据球、队友及对手的变化灵活地跑动与调整，采取有利于反攻的行动。有球队员首先要观察前方有无已经跑向前场较好位置的本队队员，若有则选择适宜的路线及时、快速传球，精确控制落点，完成快攻；若没有或者快下队员位置不合理，则快速传出第一传，如若没有好的传球机会，就要快速向中路运球推进，同时寻找机会快速传球，使前场队员顺利接球。

2.篮球防守

（1）阵地防守

篮球比赛中，队员按本队已定的防守战术配合方案占据各自的防守位置，通过落位与调整落位来对对方的进攻进行抑制与阻碍的防守方法就是阵地防守。

阵地防守中，防守方要将本队的防守特长充分发挥出来，严格限制对手的进攻。防守队员在站位的选择和调整中，要坚持"人球兼顾、以球为主"的原则，即以对手、球及篮筐三者的关系为依据及时调整位置，从而对进攻队员造成威胁。

（2）封堵与退守

篮球比赛中，一旦进攻受到阻碍，就要防备对手的反击，因而需要进行封堵与退守，从而提高成功防守的概率。例如，投篮未进而被对手获得球权转攻为守时，要避免对手快速达成防守反击，第一时间要注意前场球员，防止对方直接长传得分；同时，延阻对方持球人，不让对方轻松接球或转移球。之后，除盯防持球人的队员以外，其他队员快速回防，及时落位，后场队员要相互配合，必要时刻积极上抢，对持球人采取夹击战术，若是抢断成功，则可以快速推动进攻；若夹击失败，则及时退防落位，准备防守对方的进攻。

3. 篮球攻守转换

篮球比赛中，能否为进攻或防守取得优势与攻守转换有直接关系。攻守转换在篮球比赛中非常重要，进攻方与防守方都要重视对攻防转化时机的把握。从神经生理学的角度来分析，进攻时队员大脑皮层的运动中枢关于进攻的技战术条件反射无疑是处于兴奋状态，当进攻结束时便会转换成六种起始状态的转换方式；在防守时队员的条件反射无疑也处于另一种兴奋、集中的优势状态，而当防守结束时便会换成另一种起始状态的转换方式。

以运动员在比赛中反映出来的状态为依据，可以将篮球运动攻守转换的类型划分为守转攻和攻转守两种类型。守转攻又包括被动转攻、主动转攻两种类型；攻转守包括被动转守、主动转守两种类型。

二、快攻与防守快攻战术训练教学

快攻与防守快攻是现代篮球比赛攻防战术体系的重要组成部分，也是全队战术组织不可缺少的一部分。在比赛中，快攻与防守快攻的成功运用不仅能快速增加本队得分，或抑制对方得分，还能大大地提高本队的士气，增强必胜的信心。快攻与防守快攻能力的增强对提高队员运用快速技术的熟练程度和能力，增强队员攻守转换意识也有积极的作用。当前，各级篮球队都把快攻与防守快攻战术作为全队战术训练的基本内容和重点内容。教师通过对快攻与防守快攻的教学，力求使学生熟悉并深入理解快攻与防快攻的基本理论，掌握其战术组织的方法和基本要求，并能在实战中运用及创新。

（一）快攻战术训练教学

快攻是指在守转攻时，攻方获球后以最快的速度在最短的时间内组织快速攻击，力争获得人数、位置、时间、空间的优势与主动，快速果断完成攻击所采取一种特殊的战术形式。快攻具有发动突然、攻击迅速、成功率高、结果不确定的特点。快攻战术的核心是争取时间、创造战机、速战速决。在比赛中，充分发挥快攻的威力不仅能破坏对方固有的防守体系，增加更多的得分机会，给防守造成很大的压力，还能增强本队的信心和勇气，争取场上的主动权，取得良好的进攻效果。

快攻战术在当代篮球比赛中具有重要意义。该战术对于培养篮球运动员良好的心理素质、积极主动的态度以及提高他们的体能和技术水平起到关键作用。此外，快攻战术的运用还有助于培养和提高学生的篮球运动意识，进一步提升进攻战术的质量。

1. 对快攻战术演变历程的简单梳理

快攻战术是篮球比赛中最早采用的一种进攻战术。它最初在美国于 1893 年至 1895 年盛行，当时的形式是长传快速进攻：通过固定一名队员在前场准备接球，并利用后场篮板球或者罚球未中抢到球后快速传球到前场发动进攻。随着中圈跳球规定的引入和跳球配合的发展，这种进攻方式逐渐演变为跳球快攻战术。1937 年至 1940 年，投篮和罚球命中后由对方在端线掷界外球继续比赛的规定改变了之前在中圈跳球继续比赛的规定，这推动了抢发端线界外球的快攻战术的发展。随后，为了获得更多的防守反击快攻机会，许多教练加强了对篮球防守的研究，防守的攻击性和破坏性越来越强，抢断的数量也逐渐增加，以抢断为基础的快攻战术逐渐形成。

2. 篮球快攻战术组织形式

快攻在比赛中频繁出现，占据了越来越重要的位置。随着快攻战术的发展，它已成为现代篮球进攻战术中最锐利的武器，也是最有效的反击得分手段。

根据快攻战术的结构，快攻战术的组织形式主要有长传快攻、短传结合运球突破快攻、个人突破快攻等方法。在比赛中，当抢获后场篮板球时，抢、打、断球时，跳球后获球时以及掷后场端线界外球时等情况下都是发动快攻的时机。其中，抢断球快攻是发动快攻的最好时机，也是快攻成功率最高的一种战术方法；抢获后场篮板球是发动快攻的主要来源，在很大程度上直接决定一个篮球队快攻战术组织的数量，对快攻的质量也有直接影响。

（1）长传快攻

长传快攻是指防守队员在后场获球后，通过一次或两次传球直接将球传给快下的进攻同伴直接攻击的一种快攻形式。长传快攻的特点是突然性强、进攻时间短、速度快、战术组织简单、一旦发动不易防守，是一种成功率较高的快攻战术形式，但要求快下队员意识强、速度快，发动队员传球要及时、准确。长传快攻从战术结构上分为发动和结束两个阶段。长传快攻结构相对简单，这也决定了它在战术上所具有的弱点和缺陷：攻击力相对单薄，直接参与快攻的人数少、结构简单，攻击阶段缺乏战术上的变化。长传快攻的配合形式主要有抢篮板球后的长传快攻，掷后场端线界外球的长传快攻，断球后的长传快攻。从技术层面上来看，长传快攻的配合主要体现在快速条件下队员的传球和接球的准确配合上。

（2）短传结合运球突破快攻

短传结合运球突破快攻是快攻战术运用的主要组织形式，是当防守队员获球后，通过快速地传球或运球突破结合短距离的传球，迅速地将球推进到前场，快速地形成合理的攻击队形而展开攻击的一种快攻方式。这种快攻具有灵活、机动、多变的优点，参加配合的人数多，容易造成以多打少的局面。它也经常与运球突破结合运用。

与长传快攻相较，短传结合运球突破快攻在战术结构上较为复杂，一般包括发动与接应、快攻的推进、快攻的结束三个阶段。

发动与接应是快攻组织的重要环节，特别是由守转攻后，队形的分散和一传的速度非常重要。快攻的发动是指队员获球后的第一行动，它是快攻战术能否展开的首要环节，也是快攻组织的关键。快攻的接应是指在快攻时，进攻队员及时、快速地选择有利位置接第一次传球的配合方法，是快攻战术的重要环节。接应的方法包括固定接应和机动接应两种。其中，固定接应又有固定区域固定队员的接应、固定区域不固定队员的接应、固定队员不固定区域的接应等形式；机动接应则不固定接应人和区域，谁处于有利的接应位置，谁就充当第一传的接应者。

快攻的推进阶段指从快攻发动与接应后，到快攻结束前中场配合的阶段。在此阶段快下队员应保持前后左右的纵深队形，以快速完成推进。推进形式有传球、运球以及传球与运球突破结合推进。

快攻结束阶段是指快攻推进到前场完成最后攻击的阶段，它是快攻成功与否的关键。快攻结束阶段的配合方法主要有以多打少、人数相等等多种形式。

（3）个人突破快攻

个人突破快攻是指队员抢断球或抢篮板球后，抓住战机，快速超越对手直接运球突破到篮下展开攻击得分的一种快攻形式。它具有突然性强、方法简练、机动多变的特点。这种快攻形式要求队员具备强烈的快攻意识、顽强的敢打敢拼的比赛作风、高超的个人突破技术与强攻得分能力。

3. 组织快攻战术的基本教学要求

快攻是全队进攻战术的主要内容，也是比赛中全队战术运用的首选战术方法。因此，应安排在攻、防战术基础配合之后进行教学。

（1）明确教学步骤

快攻战术教学可按照以下步骤进行：完整地讲解与示范；分解（段）进行发动与接应、推进与投篮训练；先掌握结束段的配合方法，即以多打少、人数相等和以少打多的配合；学习快攻的发动与接应，最后组织全队进行完整快攻配合的练习，并逐渐增加防守和对抗的难度。此外，教学中应先教长传快攻，再教短传结合运球突破快攻；先教快攻的发动与接应，再教快攻的结束阶段，最后教快攻推进与全队配合。

快攻战术教学过程中，应先让学生在固定形式下练习快攻的基本方法，逐步过渡到机动情况下练习，从无防守过渡到消极防守，直至在积极防守的情况下进行练习。

（2）体现教学重点

快攻教学应以抢后场篮板球发动快攻、短传与运球结合的推进、以多打少的结束段为教学的重点。教师要使学生明白，快攻的目的是投篮得分。在进行快攻时，进攻队员要有层次、有组织、合理地按照阵型进行分散。为了避免错失有利进攻时机，在整个快攻过程中，个体和整体行动都要尽量缩短推进时间。快攻结束阶段，在对方限制区内应减少不必要的传球，动作要果断、快速、隐蔽，不要降低进攻速度，同时要果断投篮和强抢篮板球。此外，纵深队形应贯穿快攻战术的始终。要将纵深队形始终贯彻发动、接应、阵型分散快下和跟进的整体行动中，使进攻范围扩大，增加攻击点。

整体快速反击意识是运动快攻战术的前提，在实际教学过程中，要注意对学生的整体快速反击意识进行培养和增强，不能错过任何一次能够进行快攻的机会。

4. 快攻战术训练要点

教师首先要使学生清楚了解现代快攻的特点，明确和掌握当前世界强队快攻发动及组织形式的特点，确立以快速技术为基础的快攻观念。

教师要反复强化学生的快攻意识，把战术与技术训练、身体素质训练和思想作风的培养等紧密结合。

教师应突出快攻战术训练重点，对接应分散、快下、跟进以及跑动路线和前后层次等要有明确要求；重点抓好中路推进的分球与突破，加快推进速度；结束阶段要抓好三攻二和二攻一等配合，提高快攻的质量与成功率。

在掌握快攻战术方法的基础上，强调提高全队的攻守转换速度，做到队形分散快、前线队员跑动快、后线队员跟进快。

要培养学生快攻的"强烈"愿望，就应首先在跑动速度和运、传、投各个环节上突出一个"快"字，确立快速风格的指导思想，并统一到教练所制定的总体计划上。要从思想、作风、体能和技术上都突出快速风格，上下一致，全力以赴，落实训练。

教师应从比赛的实际出发，强化快速风格。快攻风格的重要基础是快速技术和快攻战术意识，需要在多年的训练中逐步养成。教师要在训练和比赛中利用一切可能的机会耐心进行培养；抓住每一次训练和每一次快攻的机会进行磨炼，反复强化。

提高快速技术一定要同时提高队员的反应速度、起动速度、位移速度和动作速度，只有在每个环节上突出快，才能取得训练的效果。因此，教师必须要求学生每一个练习、每一场比赛都全力以赴，尽最大的力气，在高速度、高强度对抗中完成。

对有一定训练水平的学生可重点加强"一对一"和"二对二"的快速技术训练，结合守转攻和阵地进攻战术组织训练，并加强比赛训练法的运用。教师可运用"加分""扣分"等特殊规定激励运动员，以此提高学生的快速意识和快速技术水平。

在教学与训练中，应把快攻训练与防快攻训练相结合，把快攻训练与阵地进攻战术衔接阶段的训练相结合。

（二）防守快攻战术训练教学

防守快攻战术是指由攻转守的瞬间，全队有组织、有针对性地阻止和破坏对方快攻的防守战术方法。它是全队防守战术体系的组成部分。

现代篮球比赛速度不断加快，运动员快攻意识增强，快攻得分比重增大。正确地掌握和积极运用防守快攻战术在比赛中尤为重要。防守快攻战术在积极防守的思想指导下，强调整体布防，队员各司其职，行动一致，积极主动地从不同位置上全面追堵，阻止与破坏对方快攻。防守快攻战术的运用不仅能制约对方的进攻速度，有利于控制比赛节奏，还能为本队组织防守争取时间。

1. 防守快攻战术简述

防守快攻首先要在进攻时尽量减少失误与违例，不给对方偷袭快攻的机会；同时要掌握好投篮时机，布置队员积极拼抢篮板球和退守，注意攻守平衡。进攻投篮后，应立即积极组织拼抢前场篮板球，这样既可能获得再次进攻的机会，也有利于立即转入封堵对方第一传的防守。当对方抢到篮板球或掷界外球时，要防止对方长传偷袭快攻。积极进行堵截、夹击与控制，破坏和干扰其传球或突破，力争制止对方发动快攻，是防守快攻战术配合的关键。

从防守快攻战术环节来讲，最为关键的是攻守转换的瞬间，对持球进攻队员一传的封堵，或运球突破过程中突破路线的卡堵，目的是最大限度地限制其一传和推进的速度。同时，其他队员应快速退守，参与退守的人越多，退守的速度越快，防守快攻的效果也就越好。

防守快攻战术的运用更强调全队强烈的防守快攻的意识、快速有序的集体战术组织，其全队战术行动是在不同区域和不同时段同步展开的。

2. 防守快攻战术教学建议

防守快攻战术教学要与队员的攻转守意识的培养结合起来，与快攻战术教学结合进行，一般应先组织快攻战术的教学，之后再进行防守快攻战术教学，以有利于队员正确掌握其战术配合方法，促进攻守质量的提高。

在防守快攻战术教学的初始阶段，首先应把防守快攻的方法与基本要求讲述清楚，使学生对防守快攻有初步了解，能合理地使用防守技术。

防守快攻教学应采用分解法，把堵截快攻第一传与接应、防守对方推进、防守结束阶段分别进行教学，在学生掌握了各阶段的防守方法基础上，再进行整体防守战术的教学。在此过程中，应注意由易到难逐步增加进攻难度。

在防守快攻教学训练中应以一防二、二防三为练习的重点。在整个教学训练的过程中，应始终注意加强拼抢篮板球，封一传、堵接应，防运球突破，补防，以少防多等防守技术和配合的训练，提高防守快攻的质量。

3.防守快攻战术训练要点

在训练中，不断强化快速攻守转换意识，把拼抢前场篮板球与积极退守紧密结合，做到反应快、起动快、全场领（追）防，多人退守，紧逼控球队员，积极封扰抢断，尽量避免以少防多的局面出现。

防守快攻训练应与比赛作风的培养紧密结合。树立和磨炼坚韧不拔的意志品质、顽强拼搏的作风，反复跑动、积极干扰、永不言弃、力争主动。

防守快攻战术训练应针对快攻特点组织模拟防守重复训练，在组织快攻练习的情况引导下进行一防一、二防二和三防三的防守快攻的技术训练，结合守转攻和阵地进攻战术训练。

通过教学竞赛，不断提高防守快攻的质量，促进防守快攻战术能力的提高。

在防守快攻教学训练中，应始终注意培养学生防守快攻的意识，加强队员的专项身体素质的训练。

三、攻防人盯人战术训练教学

进攻人盯人防守战术与人盯人防守战术是篮球全队战术体系的重要组成部分，也是篮球比赛中运用最多的一类全队攻守战术方法，一直都备受各级篮球队的重视，它是篮球运动战术教学与训练的主要内容。

（一）进攻人盯人防守战术训练教学

进攻人盯人防守战术是现代篮球进攻战术体系的重要组成部分之一，它是针对人盯人防守的特点、防守范围的大小及防守队员防守能力的强弱，并结合本队实际情况而制定的一种有组织的全队配合方法。比赛中，由于人盯人防守的普遍运用，进攻人盯人防守的战术方法也成为各级球队必须掌握的主要战术内容之一，以适应比赛中战术变化的需要。

1.进攻半场人盯人防守战术

进攻半场人盯人防守战术是进攻队根据对方在前场不同的防守形式与防守特点，从本队的具体情况出发，最大限度地发挥队员的特长，通过一定的阵型，综合运用由各种掩护、突分、传切和策应等基础配合所组成的全队进攻战术方法，是比赛中运用最多的一类进攻战术方法。

（1）阵形

进攻半场人盯人防守战术是一种典型的阵地进攻。首先要求全队进入前场迅速地落位布阵，进攻的落位方法和阵型，强调以本队的身体条件和技术特点，以及对方的防守情况为依据进行合理的选择。进攻中常用的落位布阵方法有以下三种：一是单中锋落位，布阵形式有"2-3""2-1-2""2-2-1"等；二是双中锋落位，布阵形式有"1-3-1""1-2-2""1-4"等；三是马蹄形落位或用"2-3"落位，采用机动中锋的打法。

（2）打法

进攻半场人盯人防守时，不论采用何种形式的打法，其整体战术都是由传切、突分、策应、掩护等基础配合所组成。进攻的主要打法有以中锋为核心的进攻，以外线为主的进攻，以集体进攻为主的打法，以移动进攻为主的打法。

随着当前进攻半场人盯人防守战术运用愈趋频繁，个人防守能力增强，整体防守更加协调，现代篮球运动的激烈对抗程度得到了提高。同时，这也促进了进攻人盯人防守战术的发展，使进攻更讲求连续性和实效性，使进攻人盯人防守战术更加灵活机动，特别是现代篮球比赛中进攻半场人盯人防守战术运用的多样性、复杂性及打法的流畅性，凸显了进攻人盯人防守战术在现代篮球运动发展中的重要地位。

2.进攻全场紧逼人盯人防守战术

进攻全场紧逼人盯人防守是指进攻队根据防守队在全场范围内进行紧逼人盯人时所采用的进攻方法和行动，是篮球进攻战术系统中的一种全队进攻战术方法。

由于进攻全场紧逼人盯人防守战术是在全场的区域内进行的，因此，与在半场进攻的全队战术相比，无论是在时间、空间还是战术难度上，都有相当大的差异。进攻全场紧逼人盯人防守时，整个战术过程可分为前、后两个阶段：前阶段是后场进攻，后场进攻时接应发球和推进是关键环节；后阶段是进入前场后的攻击，进攻方法与进攻半场人盯人防守相似，重要的是及时根据防守队形和场上情况，相应布阵后连续地使用进攻人盯人的具体战术配合。

进攻全场紧逼人盯人防守的方法有很多，从进攻的形式上可归为两类：一是快速进攻法，二是阵地进攻法。

3.进攻人盯人防守战术教学建议

教师应首先进行半场人盯人防守战术教学，再进行进攻半场人盯人防守战术教学。开始练习时，要让每名队员了解全队的战术落位阵形、进攻时机、移动路线、主要攻击面和攻击点及变化规律。

应先在无防守和消极防守的情况下进行队员的战术分位练习，提高个人技术运用能力和基础配合的质量，然后进行全队战术配合练习，在此基础上加强防守，提高练习难度和对抗强度。

在实战中检验队员对全队战术方法的理解和掌握程度，通过比赛的信息反馈，不断总结分析，以此提高战术水平。

进攻全场紧逼人盯人防守教学应放在全场紧逼人盯人防守后进行。要让学生了解进攻全场紧逼人盯人防守战术的特点和要求，了解全队战术配合方法，明确守转攻时队员的分工落位、进攻时机、移动路线、主要攻击面和攻击点及变化规律。

教学中应采用分解教学法分段教学，先让学生学习前场和中场的配合方法，再让学生学习整体战术配合方法。练习时，重点加强后场和中场的掩护、传切、突分和策应配合的训练，同时加强对守转攻时的反击速度和意识的训练。

4.进攻人盯人防守战术训练

结合本队的实际，加强配合技术的训练，重视不同形式下的传切、掩护、策应与突分等配合方法的练习，提高队员灵活运用两三人战术的基础配合能力。

结合全队战术方法，加强局部配合的练习，把队员的技术特长与全队战术配合结合起来进行训练。

重视攻守转换意识与转换速度的训练，特别是进攻全场紧逼人盯人防守的训练应与顽强的意志紧密相结合。

进攻人盯人防守战术训练应使队员明确全队战术配合的方法，以战术训练为中心，把身体、技术意识和作风融为一体，训练中严格战术纪律，加强战术运用变化能力的培养。

根据本队情况，组织多种战术方法训练，以提高全队战术运用的应变能力。

（二）人盯人防守战术训练教学

人盯人防守是以盯人为主，由每名防守队员严密盯防自己的进攻对手，兼顾球的位置和所在的防区，做到人、球、区兼顾，并与同伴协同配合从而实现全队防守任务与目的的一种全队防守战术方法，是篮球全队战术体系的重要组成部分。人盯人防守战术也是现代篮球比赛中运用最多、最重要的战术方法之一。

1. 人盯人防守战术训练教学的内容

人盯人防守战术可分为半场人盯人防守战术和全场人盯人防守战术两大系统。

（1）半场人盯人防守战术

半场人盯人防守战术是指球队在前场进攻时，因球中篮、进攻违例或犯规等失去球权后，放弃前场的防守，迅速退回后场，每名队员负责以盯防分工的防守对手为主，兼顾对球和区的控制，与同伴协同配合所进行的一种防守战术。它是人盯人防守战术体系中最具代表性和运用最普及、实用性最强的一种防守战术方法，也是篮球运动中最基础的一种全队防守战术。

这种战术分工明确、责任到位、针对性强，便于队员掌握。它能有效地控制对方进攻时的习惯打法，充分发挥队员的个人防守作用，调动队员的积极性。比赛中，防守队员可根据人、球、区的不同位置及其他同伴和对手情况，随时调整防守位置，使自己始终处在最佳防守位置，并合理运用防守战术基础配合与同伴构成一个整体防守系统。

根据防守的范围和防守的重点，半场人盯人防守可分为半场扩大人盯人防守和半场缩小人盯人防守两种。

①半场扩大人盯人防守战术是一种带有紧逼性的防守方法，主要以争夺球为目的，封堵、切断对方的传球路线，阻止三分投篮。这种防守方法主要适用于对方外线投篮比较准确、个人突破能力以及全队的整体进攻配合质量相对较差的球队。防守的范围一般在8～10米，力求有效遏制对方的外线进攻，打乱对方的行动计划。同时，半场扩大人盯人也用于加强外线防守，切断内外线之间的联系，使进攻中锋没有获得球的机会，破坏对方内外结合的习惯打法，造成对方心理的紧张，并及时组织夹击控球队员，迫使其传球失误，为抢、断球发动快攻创造机会。

②半场缩小人盯人防守战术是一种相对带有松动性的防守方法，重点是加强对进攻队内线队员的防守，这种防守方法主要适用于对方外线投篮准确性相对较

差，而个人的突破和内线的攻击能力较强的球队。该防守方法是一种以加强内线防守、控制限制区附近为目的的针对性极强的防守方法，有利于保护篮下，防守的范围一般在6～7米，该防守方法对以外线突破和内线进攻为主的球队防守效果明显，可以有效地抑制其进攻的节奏；同时，非常有利于控制防守篮板球，为发动快攻创造条件。

（2）全场人盯人防守战术

全场人盯人防守战术是指在攻转守的过程中，守方以最快的速度在全场范围内找到每一名防守队员具体分工防守一名进攻队员，并在防守过程中根据球和攻方无球队员的各种变化，通过各防守队员之间和各防守区域之间紧密、协调配合，在全场范围内综合、全面地对攻方的各种进攻行动进行积极主动的控制和制约的一种整体的防守战术。由于全场人盯人防守战术在战术结构上的一些特殊要求和战术系统在功能上所显现出的一些特点，也将全场人盯人防守战术称为全场紧逼人盯人防守战术。

2.人盯人防守战术教学建议

人盯人防守战术教学应以半场人盯人防守为主。教师应先组织半场人盯人防守战术教学，从个人脚步动作、防守技术运用及防守战术基础配合抓起，在此基础上进行全队防守战术配合的教学。

教师可运用录像、战术沙盘、图表或黑板等手段，对人盯人防守战术方法、战术原则进行讲解、演示，使学生建立完整战术概念，明确战术方法和战术运用的基本要求。

教师应先教半场缩小人盯人防守战术，再教半场扩大人盯人防守战术，再进行全场人盯人防守战术教学。

半场人盯人防守战术教学应先进行局部防守战术配合教学，即先进行强侧防守配合的教学，再进行弱侧防守配合的教学，然后进行全队整体防守配合练习。

全场人盯人防守战术教学应安排在半场人盯人防守战术教学之后进行，与进攻全场紧逼人盯人防守战术教学结合起来。

学生在学习与训练过程中要加强个人防守能力与提高防守基础战术水平的练习，加强攻守转换速度的练习和前场紧逼防守与夹击、补防的练习。

教师在教学与训练过程中，要加强对学生身体素质的训练，尤其是速度和耐力的训练，加强对学生勇敢顽强、坚忍不拔的战斗作风和意志品质的训练。

最后在半场或全场的对抗练习中掌握全队防守战术配合的方法，在教学比赛中提高和培养学生的实战对抗能力和意识。

3. 人盯人防守战术的训练

在训练中，应积极贯彻以防"球"为主的防守原则。严防对手，对持球队员采用平步近身或贴身紧逼防守的方式，扩大防守面积，封盖投篮，干扰传球，堵截运球，及时追防。

半场人盯人防守训练的重点强调以盯人为主，人球兼顾，注重协防。队员在盯人时要根据球在场上的位置，随时调整防守对手的位置、距离。

在训练中，强调对无球队员的防守采用"错位"抢前防守的方式，做到人、球、区兼顾。队员应根据对手距球的远近抢占有利的位置，控制对手接球，堵截其向球移动和空切篮下的路线，积极破坏无球队员的配合行动，减少进攻队员获得接球的机会。

队员应在抓好个人防守的基础上，加强防守基础配合与协防和补防的训练，以增强自身的挤过配合意识与能力。

加强对防守有针对性的训练，有计划地安排对进攻队的重点攻击区与攻击点的防守训练。

训练中，应强调对内线的防守以破坏其接球为重点。根据中锋进攻的特点合理地采用绕前防守或围守中锋的防守方法，其他队员及时轮转补防。

第六章 校园篮球运动体能与心理训练教学

良好的体能水平是运动员在现代高速度、高难度、强对抗的篮球比赛中运用技战术的前提条件,而开展篮球心理训练则是为了让学生适应现代篮球比赛的需要。本章内容为校园篮球运动体能与心理训练教学,主要就校园篮球运动体能训练教学、校园篮球运动心理训练教学这两方面展开论述。

第一节 校园篮球运动体能训练教学

"体能"一词最早源于美国。在英文文献中,体能常被用于表达身体对某种事物的适应能力。德国人将体能称为工作能力,法国人将体能称为身体适应性,日本人将体能称为体力,我国学者将体能翻译为"体适能"。从20世纪80年代中期开始,我国多项竞技运动项目的训练中相继重申"体能"训练的重要性,之后"体能"一词以很高的频率相继出现在运动训练及运动训练学、运动生理学和各种体质研究的文献资料里。

一、篮球运动体能训练层次

体能是指人体在环境适应过程中所表现出来的综合能力。从某种角度来说,体能是指人体在遗传基因的基础上,通过后天的锻炼,展现出形态、功能和调节方面的潜力,也包括物质能量的储存和转移能力以及与外界环境相结合所表现出的综合运动能力。体能的大小取决于人体形态结构、系统器官的功能水平、能量物质的储备和基础代谢水平,以及外界环境等因素。体能的外部表现主要体现在运动素质上,包括力量、速度、耐力、柔韧性和敏捷性等各种运动能力。

篮球运动的体能训练是为技战术的运用与发挥服务的。提高篮球运动体能旨在发展篮球运动员的机能潜力和与机能潜力有关的体能要素,突出对运动员各器官和机能系统的超负荷适应训练，以达到挖掘篮球运动员机能潜力、提高其整体运动能力、使其形成顽强意志的目的。

为了提高篮球运动员的攻防技战术的应用能力和效果，体能训练扮演着至关重要的角色。体能训练与专项技战术的结合有助于加快训练进程，使运动员能够更快地提高自己的综合能力。同时，体能训练也应当与技战术训练相辅相成，通过技战术的实践运用来进一步发展体能水平。篮球比赛通常是需要高强度的对抗的，要想在这样的比赛中发挥出良好的技战术水平，就必须建立在良好的体能基础之上。只有具备了足够的体能水平，运动员才能在比赛中保持高强度的运动，并且能够持续集中注意力和快速作出反应。

为了实现这一目标，需要根据篮球运动的特点、每位运动员的水平以及当前训练阶段的任务，合理安排体能训练和技战术训练的比重。这样才能将二者有效地结合在一起，使运动员在训练中全面发展，既提高体能水平，又提升技战术的应用能力。因此，在制订训练计划时，需要认真思考如何根据具体情况合理平衡体能训练和技战术训练的关系，以取得最佳的训练效果。通过科学的训练方法和系统的计划，运动员能够不断提高自己的整体水平，为取得优异的比赛成绩打下坚实的基础。

二、力量素质训练教学

（一）力量素质训练的必要性

对于篮球运动员来说，力量素质是其体能建设的重要保障，是提高专项对抗能力、专项速度、专项技术水平的基础。运动员的力量素质对其在比赛过程中进攻与防守时的反应、跑动、加速与拼抢、防守与攻击的有效性都有决定性影响，所以说运动员的运动技能水平和力量素质存在很大联系。此外，力量素质与篮球运动员完成动作时的爆发力和耐力以及实施攻击时的威力性和可靠性紧密相关。

（二）力量素质训练教学要求

篮球运动员要在符合篮球运动特点的情况下进行力量训练。篮球运动员在选择力量训练的练习手段时，应注意肌肉收缩方式要和篮球运动相一致。篮球教师在开展力量训练活动时，应选择与篮球运动技术结构相一致的动作方法，促使篮球运动员的最大力量和快速力量转化为篮球基础力量训练的能力，即跑跳能力和对抗能力。力量素质训练教学要求包含以下几方面。

1. 安全性要求

在进行力量素质训练时，首先要做好准备活动，集中注意力，保持动作的规范性；要根据训练程度循序渐进，逐渐增加重量、难度与总负荷量。

2. 最大负荷要求

在篮球力量素质训练中采用的负荷与强度要力求使运动员发挥出最大的机能潜力，使参加运动的肌肉在收缩过程中感到精疲力竭。

3. 重复性要求

篮球运动员在承受大负荷的力量素质训练中，必须多次数、多组数反复进行，以增加对肌肉的刺激。提高力量素质最根本的目的是使运动员承受大负荷，在数量上不断积累，由增加次数或组数的不适应到适应，再到增加重量的不适应到适应，最终在篮球运动中发挥出更高的技术水平。

4. 专项性要求

力量素质训练的方法手段要与篮球专项技术动作紧密结合，篮球力量素质训练过程中要力求选择与篮球运动技术、结构相一致的动作方法。要把运动员的一般运动素质转化为篮球运动员的专项力量能力。

5. 均衡性要求

篮球专项力量素质训练要注意全身肌肉均衡发展，避免局部负担过重，突出快速力量与爆发力量的练习与发展。还要与速度、弹跳力、柔韧性、灵敏度等素质紧密结合，使力量成为"活力"。

（三）力量素质训练方法

1. 一般力量素质训练方法

（1）头手倒立

头手倒立的主要目的是发展颈部肌肉力量。该方法要求运动员在墙壁前缓慢屈臂进行头手倒立，两手主要起维持平衡的作用，两脚轻轻靠放在墙壁上，以头支撑体重，坚持尽可能长的时间。

（2）背桥练习

背桥练习时，运动员以脚和头着地支撑于地面，采用仰卧或俯卧姿势，腰腹部向上挺起，两手置于胸腹部，使身体反弓成"桥"；也可腹部向下，以额头（或头顶）和脚趾支撑于地面，臀部上提成"桥"。

（3）双人对抗

两人一组，同伴站在运动员身后，将合适的带子或毛巾围在运动员的前额，同伴一手拉住毛巾两端，一手扶在运动员的肩胛部，肘关节伸展。运动员两脚站稳，上体固定，向前向下低头，对抗同伴向后拉毛巾的力量。牵拉头部的带子或毛巾可以围在运动员头的前、后、左、右不同部位，进而使运动员从不同方向完成对抗练习，最终达到全方位训练运动员颈部肌肉的目的。

（4）仰卧撑

仰卧撑主要用于发展肱三头肌、三角肌、背阔肌等肌肉的力量素质。训练方法为仰卧，两臂伸直，撑在约50厘米高的台上，屈臂，背部贴近高台，然后快速推起两臂伸直，连续做10～15次。

（5）俯卧撑

俯卧撑主要用于发展肱三头肌、胸大肌、三角肌和前锯肌等肌群的力量素质。训练方法为两手间距稍宽于肩，直臂双手俯卧撑地，两腿伸直，两脚并拢，脚趾撑地。两臂力量提高后，可使两脚位于高台上或在背部负重进行练习。

（6）纵跳

纵跳主要用于发展伸膝和屈足肌群力量及弹跳力。具体训练方法如下：运动员身穿沙背心，带沙护腿，成半蹲姿势，两脚蹬地起跳，两臂上摆，腿充分蹬伸，头向上顶，缓冲落地手继续做，连续练习10～15次；也可悬挂或标出高度目标，以两手触摸标志线或物体为准进行练习。

（7）蛙跳

蛙跳练习的显著作用是能使篮球运动员的下肢爆发力和协调能力得到发展。具体的训练方法如下：运动员身穿沙背心，带沙护腿（也可不负重），全蹲，两脚蹬地，腿蹬直向前上方跳起，腾空后挺胸收腹，快速屈腿前摆，以双脚掌落地后不停顿地连续做6～10次。

2. 最大力量训练方法

发展篮球运动员最大力量的两个主要训练途径如下：通过增大肌肉横断面增加肌肉收缩力量和改善肌肉的协调能力；提高神经系统对肌肉工作的指挥能力，让更多运动单位参加工作。在运动训练时，应先进行增加肌肉横断面的力量训练，再进行肌肉协调能力的训练。

（1）增加肌肉横断面的最大力量训练

此训练方法必须科学地确定负荷强度、练习的次数与组数、练习的持续时间及组间休息时间。训练中一般采用运动员本身60%~85%的最大极限负重强度，完成一次动作在4秒钟左右，做5~8组，每组4~8次。组间休息时间一般控制在上一组肌肉练习所产生的疲劳感基本消除后。

（2）提高肌肉协调能力的最大力量训练

这种训练方法一般采用运动员本身85%以上的最大极限负重强度，完成一次动作在2秒钟左右，做5~8组，每组1~3次；组间休息时间控制在3分钟左右或更长。

3. 速度力量训练方法

（1）负重训练方法

教师开展负重训练活动时要保证负荷强度达到适宜性要求。为兼顾力量和速度的双重发展，多采用运动员本身40%~80%的最大力量强度；每组练习5~10次，做3~6组，具体组数以不降低速度为宜；休息时间一般为2~3分钟。

（2）不负重训练方法

不负重训练主要选择发展下肢速度力量的跳深和跳台阶练习以及发展上肢和躯干速度力量的快速练习。

4. 力量耐力训练方法

要想使运动员的力量耐力得到有效发展，不仅需要依赖运动员肌肉力量的发展，而且需要依赖运动员血液循环系统和呼吸系统机能的提高，有氧代谢能力的增强也是不可或缺的。

发展克服较大阻力的力量耐力可采用运动员本身最大力量75%~80%的负荷；而发展克服较小阻力的力量耐力则最小负荷不能小于运动员本身最大负荷强

度的35%。通常以每组达到极限重复次数来确定练习的组数。关于组间休息时间，在未完全消除疲劳的情况下就可以进行下一组练习。

三、速度素质训练教学

（一）速度素质训练的原因

篮球运动员的速度在激烈比赛中主要表现为连续、反复的快速度冲刺，特点是距离短、变换快。篮球运动要求运动员对复杂的运动过程判断清晰，对篮球技术动作的时空特征熟悉，对对手的动作行为事先就有感知，对球场、球速和个人控制的空间范围都能准确地把握，速度与思维紧密结合在一起。篮球运动员的速度素质在动作结构方面的特点是重心低，不断改变运动方向，在短距离内能爆发出最大的速度。

（二）速度素质训练教学要求

篮球运动员速度的起动速度、加速跑速度和速度耐力的训练是篮球运动速度素质训练的重要内容。因为篮球场只有28米长、15米宽，即篮球场范围是有限的，所以要清楚地认识到在有限的范围内影响这类速度的主要因素是躯干的固定平衡力量与髋、膝、踝关节的爆发力与上肢的摆动力量。为此，参与速度素质训练的篮球运动员需要做到以下几点。

第一，维持和增强自身对时空的反应判断能力，使自身的反应起动速度得到大幅度提高。

第二，自身的快速跑动应与技术动作协调。

第三，运动员应着重提高动作的频率。

第四，速度素质训练应安排在训练前期进行。

（三）速度素质训练方法

1. 局部速度训练

局部速度训练需要运动员熟练掌握各种专项技术，增加运动技术动作的信息量，从而提高人体的积极感知能力，缩短反应的潜伏期。进行该训练可以缩短运动各环节，尤其是关键环节的反应时间。局部速度训练主要通过各种专项技术动作结构的强化训练，提高运动员对时空动作相互影响的预测能力。

2. 动作速度训练

篮球专项动作速度可以分为单个技术动作速度和组合技术动作速度，可以反复加快单个动作的关键环节和组合动作的衔接动作速度来提高完成动作速度；同时，可以提高完成动作的频率，在规定的时间内完成动作的次数，或者在规定完成的动作次数中缩短完成时间。

3. 移动速度训练

在移动速度训练中，篮球运动员的位移是非周期性运动，移动速度与运动的频率和各项技术动作的幅度有直接关系。运动幅度训练主要采用改进技术动作，提高肌肉的伸展性、关节的灵活性，以及肌肉的力量素质的方法，最大限度的利用篮球运动员的身体条件。综合速度是篮球比赛所需要的整体速度，包括进攻速度、防守速度、攻守转换速度、战术配合速度、各种战术意识的反应速度以及运动员的技术动作速度等。移动速度训练可以全面提高运动员的个人快速技术水平，使运动员基本功扎实，动作娴熟，运用自如，方法多样。同时，加强配合速度的训练，可以建立队员之间的默契，培养运动员战术反应速度素养。

四、耐力素质训练教学

（一）耐力素质训练的必要性

篮球运动耐力素质以糖酵解为主要供能形式，因此，最大乳酸能和机体耐酸能力是篮球运动耐力素质训练的主要内容，并以有氧供能为辅助训练。有氧供能训练是糖酵解供能训练的基础。有氧供能能力越强，篮球运动员在比赛和练习中的恢复能力就越强。需要注意的是，必须认识到保证篮球运动员在比赛过程中保持长时间快速运动能力的物质要素还是无氧供能和无氧—有氧混合供能。

（二）耐力素质训练教学要求

耐力素质训练应根据教学任务与要求和学生的实际水平，科学地安排练习的强度、密度。在阶段训练计划中，在准备阶段前期应更多地发展有氧耐力，在准备阶段后期和赛前阶段则应更多地发展无氧耐力。篮球运动员的耐力素质训练首先要提高有氧耐力水平，再采用无氧阈的训练方法，不断提高篮球运动员耐力水平。篮球运动员的耐力素质训练要突出专项耐力。耐力素质训练要先增加运动量，再增加运动负荷的强度。耐力素质训练要长年进行，练习内容要多种多样，逐步提高学生对各种新异刺激的适应性，避免因练习内容单调而导致其训练积极性不高，引起思想上的厌倦，要有意识地培养学生自我严格要求的意识和顽强的意志品质。关于篮球耐力素质训练安排，原则上要每次训练后机体充分恢复再安排下一次耐力训练，但在篮球运动实践中，运动员每次进行耐力素质训练时并不一定都完全恢复，这就要求运动员具有较强的有氧氧化供能的能力，以便使体力迅速恢复。

（三）耐力素质训练方法

1. 持续训练法

采用持续训练法主要可以发展学生的有氧耐力，训练强度较小，心率控制在135～160次/分，有利于改善学生的心肺功能，提高肌肉的用氧能力。持续时间取决于学生的训练水平，训练水平较高的学生可以持续进行两个多小时，而训练水平低的学生持续时间也相对短一些。一般来说发展有氧耐力持续时间不少于30分钟。

2. 间歇训练法

采用间歇训练法发展有氧耐力，训练时心率可以达到170～180次/分，训练强度大，一次练习的时间不能过长，一般在2分钟以下，少的也可以十几秒。间歇训练法的关键是控制间歇时间，在心率尚未完全恢复（心率恢复到120次/分）的情况下就可以进行下一次训练。

3. 循环训练法

在采用循环训练法时，可以根据篮球专项的需要，选择用于锻炼心血管耐力的练习手段，设置若干练习站点，学生按照每个站点的内容和要求依次进行练习。

五、灵敏素质训练教学

灵敏素质是指人体在各种突然变化的条件下，能够迅速、准确、协调、灵活地完成动作的能力，是人各种运动技能和身体素质在运动中的综合表现。篮球运动员的灵敏素质包含快速的反应过程和较准确的运动过程。篮球运动员参与灵敏素质训练不仅有助于其掌握和运用复杂的技术和战术,也有助于其赛场上的应变能力得到增强,对运动员篮球运动水平的提高有积极作用。

(一)灵敏素质训练的必要性

灵敏素质在篮球运动中占据着重要的地位,具备良好的灵敏素质不仅有助于更快、更好、更准确、更协调地掌握各种先进的技术和练习手段,还可以有效地防止伤害事故的发生。一般来说,灵敏素质主要是由力量、速度、爆发力和协调能力等几种素质结合而成的。在篮球比赛中,快速变换方向、突破对手以及从一个动作迅速变换为另一个动作等,都需要运动员具有较强的灵敏素质才能完成。

(二)灵敏素质训练教学要求

第一,在篮球运动员的灵敏素质训练中,需要综合提高反应速度、柔韧性和爆发力,并同时改善肌肉弹性和关节韧带的伸展性,以达到全面、协调的能力发展的目的。

第二,灵敏素质训练的容量大、强度高,为了提高灵敏素质训练的效果,应该控制训练的持续时间,并选择在身体和大脑状态最佳的时间进行,训练的频率不能过高,运动员需要获得足够的休息,将状态调整完全好后才能开展下一次灵敏素质训练。

第三,灵敏素质对于儿童和青少年而言尤为重要,但过早的专项化训练可能会导致青少年身体发育不均衡、运动损伤风险增加、社交和情绪发展受限等不良后果,因此,儿童和青少年在进行灵敏素质训练时不应过早接触专项化训练。

第四,在篮球运动员的训练中,专项灵敏素质的发展至关重要。运动员应参加各种形式的比赛,了解篮球技术和战术在不同时间和空间条件下的特点,以便能够灵活应对复杂的情况。

第五,运动员频繁进行篮球专项的步伐动作练习有助于提升身体的平衡能力和神经传导速度,使手和脚能够更协调地完成复杂的动作。因此,运动员应在身体状态恢复的前提下,尽可能增加灵敏素质训练的频次,从而获取全面的身体素质。

（三）灵敏素质训练方法

1. 完整分解练习法

在完整分解练习法中，通过各种基本技术动作，战术配合的分解和完整组合的训练，提高运动员的各种感觉，使学生体验不同情况下的应变方式。

2. 变换训练法

采用变换训练法时，在不同的情景下，运用口令、哨音等指示学生，根据情况变换作出相应的改变，改变学生在不同环境下身体动作的灵敏度。

3. 结合篮球专项训练法

利用篮球运动的快速多变，选择有利的篮球专项移动的动作姿势，不断变换练习，提高各种运动的平衡能力和身体重心的转移能力，培养运动员在新异和复杂环境下的主动性和创造性，发展灵活机动的能力。

六、柔韧素质训练教学

柔韧素质指的是人体各个关节的活动范围以及肌肉和韧带的伸展能力。它不仅可以增强身体的灵活性，还能提高身体预防受伤的能力。柔韧素质可以分为一般柔韧素质和专项柔韧素质。

（一）影响篮球运动员柔韧素质的因素

对于篮球运动员来说，其手指、手腕、肩、腰、腿及踝等部位都需要具备很强的柔韧素质。篮球运动员柔韧素质的解剖学特性与一般人并没有多大差别，主要是受到对抗肌为维持姿势而产生的肌紧张、牵拉性的条件反射而引起的肌肉收缩的限制以及神经过程兴奋与抑制的协调性，对肌肉的收缩与舒张的影响。因此，篮球运动的柔韧素质受到肌肉、韧带、肌腱、关节囊的弹性的影响，与其他运动项目相比要稍差，身材较高大的运动员如果缺少柔韧素质训练就会更差。

（二）柔韧素质训练教学要求

篮球运动对运动员的柔韧素质提出了很高的要求。因为少年儿童的软组织质量为柔韧性锻炼提供了更有利的发展条件，所以在少儿时期开展柔韧素质训练活动，以此来提高他们韧带和肌腱的弹性、改善他们关节的灵活性和肌肉的伸展性往往能获得理想成效。

运动员的柔韧素质维持和改善是一项耗费时间长、需要持续坚持的过程。在指导学生进行柔韧素质训练时，教师需关注以下几个要点。第一，柔韧素质容易退化，因此需要定期练习以保持其水平。第二，训练应该逐渐增加动作幅度，并且力度要适度，避免拉伸幅度过大或力度过大而导致肌肉拉伤。第三，要及时进行伸展和放松的交替练习，以防止肌肉过度拉伸而丧失弹性。第四，柔韧素质训练可以作为准备活动或课后肌肉放松和疲劳恢复的一部分。第五，需要注意协调发展关节周围小肌肉群的力量，以促进主动肌肉和对抗肌肉的协调配合，从而取得最大化关节柔韧素质的效果。

（三）柔韧素质训练方法

运动员参与篮球专项柔韧素质训练时，肌肉牵拉过程中往往会产生疼痛感，但运动员只有坚持参与系统性训练才能获得预期效果，所以说柔韧素质训练能够从某种程度上培养运动员的意志力。柔韧素质训练的常见方法如下。

1. 团身颈拉伸

身体从仰卧姿势开始举腿团身，头后部和肩部支撑身体重心，双手在膝后将腿抱住。呼气，拉动大腿使之靠近胸部，双膝和小腿前部与地面接触。在练习过程中，保持10秒左右结束该动作。重复练习。

2. 持哑铃颈拉伸

运动员并拢双脚在地面站立，右手紧握哑铃，肩部下沉。左手经过头顶扶在头的右边。呼气，左手将头部拉向左侧，使头的左侧与左肩紧贴。在练习过程中，动作要缓慢，保持10秒左右结束该动作。换方向重复练习。

3. 跪拉胸

运动员在地面呈跪立姿势，向前倾斜身体，双臂前臂在高于头部的位置交叉并将双手放在台子上。呼气，头部和胸部尽量向下沉，直到与地面接触。在练习过程中，要保持尽量大的动作幅度，保持10秒左右结束该动作。重复练习。

4. 俯卧背弓

运动员在垫上俯卧，膝部弯曲，脚跟移向髋部。吸气，双手将双踝抓住。收缩臀部肌肉，胸部和双膝提起并与垫子分离。在练习过程中，要保持尽量大的动作幅度，保持10秒左右结束该动作。重复练习。

5. 上体俯卧撑起

运动员俯卧在垫子上,双手掌心朝向下,手指向前置于髋的两侧。呼气,双臂将上体撑起,向后仰头,呈背弓姿势。在练习过程中,要保持尽量大的动作幅度,保持10秒左右结束该动作。重复练习。

七、弹跳素质训练教学

弹跳素质是篮球运动员的一项重要的身体素质。具有良好的弹跳素质不仅能够增强篮球运动员攻防的范围,而且对于篮板球的拼抢以及复杂技术动作的掌握等方面均具有重要的意义。因为弹跳素质是综合素质中的一种,所以篮球教师在组织和安排训练时应有目的地训练运动员的力量、速度以及协调性。

在篮球运动员的体能素质训练中,弹跳素质训练具有十分重要的作用。弹跳素质训练的关键是在综合专项特点的基础上提高运动员的起跳技术水平。当篮球运动员参与大量接近篮球比赛实际情况的跳跃训练,同时各项起跳技术水平得到大幅度提高后,才有可能在比赛场上发挥出最好的弹跳水平。

篮球运动员的弹跳力表现在比赛中具有多维的方向性。篮球运动员的弹跳具有快速连续性。

(一)弹跳素质训练教学要求

第一,弹跳素质训练以高强度、少次数、多组数的训练为主,每组之间有适当的间歇,其目的是改善篮球运动员起跳用力时能量释放的效力。

第二,弹跳素质训练早期应以小肌群的弹跳练习方法为主。

第三,要注意灵敏性和柔韧性的培养,提高运动员的身体重心转换能力和控制能力。

第四,弹跳素质训练要结合专项技术进行,使篮球专项技术动作与跳起的高度和远度吻合,融为一体,减少完成专项技术动作对争夺高度和远度所造成的损耗。

(二)弹跳素质训练方法

第一,跳绳练习(单脚、双脚、原地跑步、高抬腿等),可规定时间和次数进行。

第二，单脚做连续跨跳或多级蛙跳若干次。

第三，两脚交替直线向前跨跳和直线向前左、右跨跳。

第四，连续多次深蹲跳（或跳起摸一定高度）。

第五，连续半蹲跳、跳深、收腹跳；单脚徒手全力跳上、下凳（或负重练习）。

第六，负重半蹲跳。

第二节 校园篮球运动心理训练教学

现代篮球比赛最大的特点是对抗性越来越强。篮球比赛的双方在综合能力相差不大时，心理素质就成为决胜的重要因素。在比赛过程中，很多因素都能影响到运动员的心理状态，如比赛的本质、对手、场地、设备、观众、时间、分数、教练的态度、球员之间的情感和社会因素等，这可能体现为紧张、懈怠、骄傲和缺乏自信。心理训练能够有效提高运动员的心理素质，让运动员在比赛过程中根据比赛节奏来调节自己的心理状态，尤其是在一些复杂状况下保持心理状态的稳定，也能够稳定发挥自身的技术水平，确保在比赛中发挥正常水平。

一、篮球运动心理训练的作用

篮球作为集体运动，具有很强的对象性和对抗性，具有独特的生理性、社会性和制胜性。在篮球运动中，篮球运动员需要拥有强大的心理素质，只有这样才能够在高负荷、高强度、高压力的篮球运动中获取优异的成绩。篮球运动员在篮球比赛的过程中会大量消耗体力和脑力，不少运动爱好者认为开展篮球运动仅仅消耗的是运动员的体力，整个运动过程不存在脑力活动，但事实并非如此。运动员在开展篮球运动的过程消耗了大量的体力，也消耗了大量的脑力。因此，开展篮球心理训练是为了适应现代篮球比赛的需要。每一项竞技体育均同竞争之间具有密切的关系。若篮球运动员不具备良好的心理素质，在篮球比赛过程完全承受不了运动场上各项突发事件或者是在能力悬殊状态下的压力，纵使运动员有再好的身体素质也无法在比赛中取得好成绩。一些高水平的竞争，往往最后是心理因素起了决定性的作用，因此心理训练在篮球运动中是必不可少的，它的主要作用包括以下几方面。

第一，篮球运动心理训练有助于运动员形成与比赛相适应的心理状态。运动员在运动场上想要获取优异的成就，就需要学会控制个人心理状态，懂得调整个人心理情绪，能够及时对自己进行自我控制、自我管理与自我疏导。在篮球比赛过程中，运动员只有具备良好的心理疏导能力，根据篮球比赛的实际情况，及时调整好个人的心理状态，才能够使自己长期处于一个良好的运动状态，将各项运动技能完美地展现出来，最终在比赛中获取优异的成绩。如果篮球运动员的心理素质较差，缺乏自我调节能力，在比赛过程甚至在训练阶段就会产生焦躁不安、紧张、松懈等不良心理现象，这些现象均会给运动员在赛场上的发挥带来严重的负面影响。

第二，篮球运动心理训练可以改善篮球运动员的心理过程。篮球运动员想要调整好个人的心理状态，首先就需要明确"心理"的构成因素。心理由认知因素、情感因素以及意志因素构成。激烈的篮球比赛对篮球运动员的心理状态提出了较高的要求。运动员在开展体育训练活动时，需要具备清晰的运动表现能力、精确的运动知觉，思维意识高度灵活，能快速对队友的动作做出相应反应，同时明确各项战略战术的意义。篮球运动员在整个比赛过程中都需要注意力高度集中，并且要能够快速对场地上的各项移动物体做出反应。

第三，篮球运动心理训练对运动员个体发展具有重要影响。篮球运动对运动员的发展具有较高的要求与标准，需要运动员将行为特征作为依据，不断提升个人气质，突出个人的个性特征，不断提升对篮球训练的兴趣。对运动员开展心理训练活动能够不断改善运动员对篮球训练的态度，使篮球运动员能够在开展体育运动的过程中有一个良好的心理状态。

二、校园篮球运动心理训练教学

只有篮球运动员的心理状态具有较高的稳定性，其注意力才能够拥有更高的可塑性。"意志"是一种具有积极性的意识，是理性与情感的统一体，能调整人们的思想活动与行为活动。运动员只有具备良好的意志品质，才能够提升自己在运动场上的自主能动性、自控性、目的性、果断性等。人所具备的意志品质如同人的某种特征，是无法被人直接进行评估或者是判断的，而且它们在各种竞争事件中的作用也很难被严格区分。实践证明，意志素质隶属于综合素质的范畴，需要通过开展心理训练进行提升。对于高水平的运动员而言，开展心理训练活动不仅能够提升自己的智力水平，还能够在比赛中将个人价值展现出来。

（一）心理训练中应该完成的训练教学任务

篮球运动心理训练是篮球运动训练竞赛的重要组成部分，应该要完成以下任务。

第一，使学生形成适应篮球训练和比赛所需要的稳定的情绪反应，并保持适度的兴奋性。

第二，锻炼学生篮球技战术运用的自控能力。

第三，提高学生的时空感觉，使他们在篮球训练和比赛中能够准确判断、适时反应、准确把控时机。

第四，调节和消除学生在篮球训练和比赛中的过度紧张心理。

第五，培养学生坚强的意志品质，使他们在训练中能够顽强拼搏、克服困难，顺利地完成既定目标。

（二）心理训练所采取的教学方法

篮球运动始终处于不断变化的动态当中，因此运动员要善于观察，敏锐地捕捉相关信息，并通过判断果断地采取有效的行动与对手抗衡。

篮球运动心理训练是针对篮球训练和比赛的需要以及学生的个体差异心理进行调节的训练。首先，要不断激励，保持学生的稳定。其次，要结合训练和比赛，利用目的来强化学生的动机。再次，要随着训练和比赛情况的变化，结合具体情况随时调整个人定向来增强学生的动机。最后，运动员的心理调整除了教师的作用外，主要还是靠自己进行调节。

心理训练需要结合运动员的实际情况，尤其要结合运动员的个性化要求，认识到运动员本身之间是存在着差异的，并且长时间坚持下去。心理训练应结合不同运动员的要求，有针对性地展开训练，然后将整体的训练和针对性训练相结合。在重视心理训练的基础上，也要重视技术和战术的训练。

运动员的心理训练方法有很多，包括放松训练、模拟训练、生物反馈训练、语言和动作训练、系统训练等。具体如下。

1. 放松训练

放松训练是指让运动员通过一些自我暗示，确保自己的情绪稳定，进行心理放松，避免运动员压力过大或者是过于紧张。

2. 模拟训练

模拟训练的重点是适应性训练，需要人为的设置一些具体的模拟环境和模拟对手，以及在比赛场上可能出现的突发状况等。通过这一模拟训练，运动员能够应对多种比赛情况，更好地适应比赛要求，也能够在具体的比赛中抵抗外部因素的干扰，维持心理状态的稳定。

3. 生物反馈训练

生物反馈训练，即利用现代电子设备，对运动员的内脏活动进行反射性控制的一种训练方法。它可以显示运动员的内脏活动信息，使之与主观感受相联系，从而降低紧张的强度。在进行生物反馈训练时，运动员可以逐步体验某些心理状态之间的关系，运动的姿势、方法，以及生理变化，从而促进内脏活动的控制，使所需的生理变化发展的方向符合篮球运动的特点。

4. 语言和动作训练

一些语言和动作能够让运动员的感官产生变化，呈现出一种特殊的心理状态，进一步激发运动员的精神力量，让运动员在比赛中更加具有信心；同时能减小比赛压力，避免在比赛中过于紧张，在运动过程中能发挥出自身的实际水平，也能够和他人保持良好的关系，更好地和队友之间相互配合。

5. 系统训练

系统训练能够帮助运动员在比赛之前进行心理调节，避免运动员在比赛之前过于紧张或者恐惧比赛。

三、赛前心理训练教学

（一）篮球运动员赛前的心理状态

第一，对弱队容易产生轻敌思想，主要就是对比赛过程中可能遇到的困难估计不足，遇到比赛顺利时，常常表现为防守不积极，进攻时随意性较大。一旦遇到困难或者被动落后时，会产生急躁情绪，防守时容易冲动犯规，进攻时容易冒进，违背基本的技战术指导思想，失去正常的节奏，频繁导致失误。

第二，面对强队有两种心理状态：一种是产生畏敌情绪，缺乏战斗精神，失去意志力，出现斗志不高，缩手缩脚，犹豫不决，失误频频；另一种是放开手脚，敢打敢拼，意志顽强，能突出自身的特长，超水平发挥。

第三，面对势均力敌的对手，容易产生想赢怕输的不良心理状态，主要是信心不足，过多考虑动作细节，导致决策行动不果断，反应迟钝，影响全队水平的发挥。

（二）篮球运动员赛前心理训练教学措施

篮球运动员在比赛前要进行一定的心理辅导和心理调整的训练，这是最终比赛胜利的重要条件之一。在最佳心态和最佳心理状况下，运动员身体各方面的配合和调整能实现最大化的发展。

由于比赛过程中，不确定、客观因素较多，尤其是在环境氛围、场地氛围、观众氛围中，篮球运动员的内心有一定的紧张，这是允许的，也是被人能够谅解的。为了缓解心理紧张程度，为球队带来更多的胜利，运动员就要提升自己的心理素质和赛前的心理辅导能力。

1. 做好信息收集工作

古语讲"知彼知己，百战不殆"。在第一时间内掌握对手的信息能够为运动员的心理素质带来良好的提升。赛前的心理辅导工作从一个客观的角度出发对运动员的内心进行了安抚，能够减少赛前紧张感，让其内心获得更多的安全感。

2. 目标分配

一定的目标分配能够让球队获得更多的胜利。在篮球运动比赛之前，应科学地、合理地、综合地分析和制定每个人的目标，这样在实际比赛过程中，运动员通过对自身目标的追赶和完成能够最大限度地减轻比赛时的内心压力。为了让队员在队伍中得到更好的发展，教练要针对每一个队员的特点做出相对应的战术和打法调整，使其摆正自身位置，正确且客观地对待每一场比赛；教练要运用日常训练使用的战术和打法，做出多方面的考虑，将队员的个人优势展现出来。

3. 技术心理定向培训

在篮球运动比赛之前所做的心理培训和心理引导绝大多数的是心理定向培

训，简单来讲，心理定向培训所强调的是过程而不是比赛结果，这也是原则和底线。如果最终结果的目标会在赛前影响运动员，那么在比赛过程中运动员所考虑的不再是运动本身而是如何拿第一，就会对运动员内心造成影响。

4. 精神释放诱导

运动员在比赛之前可能会受到心理伤害，影响因素较为多样化，主观因素和客观因素都有可能，因此如果不能达成预定的目标，就会产生一些悲观的心理反应。为了避免这种心理反应，需要对运动员进行精神释放诱导，具体如下。

由于在实际比赛中比赛状态不理想，或者是出于战术安排的需要，主力位置有可能会被其他的队员代替，已经得到满足的需求突然被打断，运动员会产生挫败感。其实从主观角度上来看，运动员本身的综合条件十分优异，但是队友并不配合，导致很难上场和他人进行共同比赛。有的运动员对于参与比赛的需求过于强烈导致没有准确衡量自身的实际水平，对于自己的水平过于自信，但是在比赛过程中却发现自身的实际水平和理想状态还有较大的差距，因此会感受到挫败感，出现消极的心理反应。这一心理反应是竞争心态并不稳定而导致的，运动员一旦出现这种情况，就会出现情绪和行为上的失控。在这种情况下，教练需要首先确保运动员的冷静，不能在运动员情绪不稳定的情况下进行批评和管理，而是要在冷静之后通过一些谈话方式营造良好的气氛，让运动员将自己心中的负面情绪宣泄出来，让运动员主动地谈论自己心中的不满，让他们在表达自己的观点和意见中平衡复杂的思想，让运动员能够感受教师的尊重，保持自尊心不受损伤，从而使心理和情绪保持稳定状态。

5. 模拟训练

第一，模拟对手，主要模拟对手技术和战术特点。例如，通过观看对手比赛的视频，或者掌握对手的信息和智力分析并选择具有类似特征的运动员与即将参加比赛的运动员进行比赛练习。在对抗过程中应随时向运动员提问，前锋要回答对手擅长的战术打法，中锋要回答对手的进攻和防守特点，后卫要回答进攻和防守战术的变化。运动员通过模仿、了解和适应自己的对手，可以很好地了解自己和对手，做好充分的准备，增强战胜对手的信心。

第二，化失败为胜利的模拟。当运动员落后时，化失败为胜利的模拟可以增强运动员化失败为胜利的信心。例如，比赛开始训练时，将比分设置为45：60，要求得分较低的队员将失败转化为胜利，从而培养队员在比赛落后的情况下冷静战斗、争取胜利的心理能力。

第三，观众影响与不公平裁判模拟，即在正常训练中，制造运动员在观众发出噪声和裁判不公正的情况下进行的模拟比赛。当比分接近时，裁判做出错误的判断和漏球判断，可以锻炼运动员的心理耐力和适应能力，使运动员清醒、冷静、专注、不生气、不抱怨，以适应比赛气氛的先期情况。

在篮球比赛过程中，需要有效地调节运动员的心理状态，使其能够在比赛中充分发挥自身的技术水平，也能够按照战术要求进行相应的配合，正常发挥自己的水平。篮球运动比赛除了是身体素质和技术水平的比拼外，也是一场心理素质的比拼。在比赛之前进行充分的心理素质训练，能够让运动员在比赛过程中面对复杂的情况不会分心，而是能够集中的注意力，控制好自己的情绪，始终保持平和的状态，能够更为稳定地发挥自己的实际水平。

四、赛中心理训练教学

篮球比赛中的情况千变万化，运动员的心理状态会随着比赛的性质、任务而变化，也会随着比赛过程阶段发生变化，尤其是比赛中比分、对手状态和优劣的变化会对运动员的心理产生较大的影响。

（一）篮球运动员赛中的心理状态

篮球比赛是一场集智力、战略、体能、技术和战术为一体的竞技赛事活动，除此之外还关乎心理。篮球比赛在开展过程中，其整个比赛过程同日常篮球训练有所不同，篮球运动员在篮球比赛过程中不仅需要承受高强度的体能负荷，还要承受高强度的心理负荷。在篮球比赛中开展心理素质训练活动可以让运动员维持在比赛前所形成的最佳心理状态，并有利于其在比赛的过程中根据篮球比赛的具体情况及时调整好自己的心理状态。篮球运动员在比赛中可能出现的心理状态有以下几种。

第一，比赛中的理想心理状态是指运动员的心理机制处于最优竞争状态时的心理状态。理想心理状态是运动员在比赛过程对感觉状态所做出的相关反应，能够让运动员在比赛的过程中将个人能力最大限度发挥出来，使运动员在整个比赛过程中感到轻松自如，没有过重的束缚感，不会出现紧张心理，注意力能够高度集中，并全身心地投入比赛活动中。

第二，竞争中的恐惧状态是指运动员在比赛过程中对竞争对手产生强烈的恐惧感和想要逃避的心理或者是对比赛的客观环境和结果产生恐惧。这种心理状态影响了运动员水平的正常发挥，不利于比赛的进行。

第三，比赛期间精神状态不佳，这是团队合作的一个消极障碍。不良心理状态在篮球比赛中主要表现为"过度紧张"，导致运动员出现这一现象的因素主要为运动员对比赛的输赢过于重视，在某种特定的状态下丧失了自信心，完全受不了外界因素的影响，通常是在过度训练或者是不足训练状态下形成的，在这种情况下运动员难以走出个人阴影。

（二）调整篮球运动员赛中心理状态的教学措施

1. 赛场心理调节

赛场心理调节旨在维持和促进最佳竞技状态，根据比赛形势调整措施。例如，改变战术可能导致对手在心理上感到不适，而在比分胶着或交替上升时，队员可能会遇到心理障碍。因此，教练需要了解场上形势，掌握队员内心变化，通过暂停、换人、战术调整等手段调整运动员在比赛中的心理状态。

2. 赛中心理恢复

篮球比赛是快速的攻防运动，对运动员的体力和脑力消耗极大，尤其是双方实力相当时，更是对运动员全身心的考验。教师要善于在比赛间隙采取心理调节措施，放松运动员精神，转移运动员的注意力，及时补充、恢复运动员的心理能量。

五、赛后心理调整训练教学

运动员在比赛之后，身体疲劳和心理疲劳同时存在，因此教师需要注重对学生在比赛之后的心理调节。在比赛之后，心理调节的效果会影响到现场比赛的结果，也会影响到运动员的心理状态发展，更加会影响到运动员的人格发展。即使比赛结束，运动员的心理活动也没有结束，只是隐藏了内心的直观变化，改变了其表现方式，没有发展到特定的程度，无法真正表现出来。一场比赛的结束，也是为下一场比赛的开始做了充分的准备，因此教师需要仔细观察运动员在比赛之后的心理状态，及时发现运动员的心理变化情况，并且采取有效的手段进行调整。只有发现在比赛中可能存在的心理隐患并采取一定的手段进行消除，才能够确保下一场比赛的顺利进行。赛后心理调节训练教学方法如下。

（一）全面的身体、技术和心理康复

在一场篮球比赛结束之后，运动员的精神和体力都有着较大的消耗，身体缺乏必要的能量供应，相应的技术动作完成水平也会受到影响，因此在比赛之后需要进行全方位的恢复，不仅要做到身体素质的康复，还需要进行一些心理康复训练。教师应结合心理训练的基本方法，以及运动员的实际情况，选择有针对性的心理康复手段，更好地保证运动员的心理健康。

（二）比赛后释放紧张情绪

伴随比赛而来的紧张并没有随着比赛的结束而消失。这种紧张的负面影响是显而易见的，因为它在很长一段时间内不能恢复正常（或仍处于自我陶醉状态），从而继续消耗运动员的体力和脑力。为了解决比赛后的紧张，运动员可以进行放松、转移注意力、改变认识等活动。总之，运动员应该采取有意识的心理训练措施和方法进行改变，而不是放任自流。

（三）比赛后自我形象修复

在篮球比赛进行的过程中，运动员的心理会根据比赛实际状况的不同而有所变化。在取得比赛胜利时，运动员经常会认为自己的综合实力过高，对于自己有着比实际水平更高的认知，而且也很容易用理想中的自己来代替实际中的自己。在比赛失利的时候，运动员由于失败的打击会影响自己的形象认知，很难对自己的水平进行客观的评价，经常会过于贬低自己。因此，运动员在比赛之后需要进行自我形象的修复，尤其是要保持乐观的心理状态，保持心理素质的平和，这样才能够更好地进行自我认知，来消除由于失败或者是成功带来的影响。运动员修复对自我形象的认知能够让自己认识到自己的优势和缺点，能够不断地发挥优势，也能够在训练和比赛过程中有意识地改正自身的缺点，同时在实际比赛中也可以树立自身形象的发展目标，从而确保自己的心理处于积极乐观的状态。教师可以引领运动员借助想象训练法来进行自我形象的塑造，让运动员注重自我形象的内在表现和修复。

参考文献

[1] 李韬.校园篮球课程教学方法改革与运用研究［M］.北京：北京工业大学出版社，2020.

[2] 练碧贞.校园篮球教学指导［M］.北京：北京体育大学出版社，2022.

[3] 雒海中，闫凯，张立文，等.校园篮球文化与学生身心健康教育的融合："五育并举"的实践与思考［M］.西安：陕西师范大学出版总社有限公司，2021.

[4] 柳文杰.校园篮球课程教学理论分析与创新［M］.北京：中国书籍出版社，2018.

[5] 王金林.健康中国背景下校园篮球运动发展研究［M］.北京：中国水利水电出版社，2018.

[6] 王荣.篮球教学与训练的多维探究［M］.天津：天津科学技术出版社，2020.

[7] 闫萌萌，张戈.当代高校篮球教学与训练实践研究［M］.太原：山西经济出版社，2020.

[8] 沈威.现代高校篮球文化的构建与发展研究［M］.北京：现代教育出版社，2016.

[9] 张秀梅.篮球运动基本技术教学与训练［M］.长春：吉林人民出版社，2021.

[10] 张小刚，周秉政.篮球运动教学训练的理论与实践［M］.天津：天津社会科学院出版社，2021.

[11] 李图南.新时期中国校园篮球文化发展路径探析［J］.洛阳师范学院学报，2021，40（8）：21-23.

[12] 罗赣，任贵.校园篮球文化的实质与发展探析［J］.文体用品与科技，2021（11）：135-137.

[13] 周健.关于校园篮球文化的理性思考［J］.文体用品与科技，2020（24）：161-162.

[14] 蒋贵军.校园篮球文化的"三维"构建途径研究[J].青少年体育,2019(7):113-114.

[15] 戴宁宁.篮球体能训练中核心力量训练研究[J].田径,2023(6):52-54.

[16] 龚威.篮球技术训练中辅助器材的应用[J].文体用品与科技,2023(10):157-159.

[17] 熊巍.篮球运动对学生身体素质与心理健康的影响研究[J].中国学校卫生,2023,44(3):484.

[18] 高国安.青少年篮球训练存在的问题与应对措施[J].中国教育技术装备,2022(21):128-130.

[19] 刘一澎,冀承志.运动生理学在篮球训练中的应用[J].文体用品与科技,2022(13):134-136.

[20] 张丁文."线上线下"混合教学模式在篮球教学中的应用[J].科教导刊,2022(18):108-110.

[21] 李杰.校园篮球文化建设对高校篮球运动队建设的影响[J].文体用品与科技,2018,(12):66-67.

[22] 连仁川.校园篮球文化促进高中生体育综合素质的探索[J].学苑教育,2023,(10):57-58.

[23] 高一凡.核心力量训练对篮球对抗投篮命中率的影响研究[D].北京:首都体育学院,2023.

[24] 章珂珲.篮球运动对青少年体质及心理健康影响的研究[D].哈尔滨:哈尔滨体育学院,2022.

[25] 李斌.篮球纪录片对篮球运动文化传播的意义研究[D].哈尔滨:哈尔滨体育学院,2022.

[26] 黄新雅.专项体能训练提升篮球专业学生投篮命中率的实验研究[D].成都:成都体育学院,2022.

[27] 张阳.篮球传统项目学校训练质量评价指标体系的构建[D].广州:广州体育学院,2022.

[28] 尚仲辉.篮球竞赛规则的演变对篮球技战术和篮球文化影响研究[D].西安:西安体育学院,2022.

[29] 张晓东. 青少年篮球灵敏素质解构、训练手段设计及效果实证研究 [D]. 济南：山东体育学院，2022.

[30] 刘晓彤. CUBA 大学生篮球运动员心理倦怠及社会学成因研究 [D]. 长沙：湖南师范大学，2022.

[31] 林鸿. 中小学"校园篮球"开展的困境与路径研究 [D]. 广州：广州体育学院，2021.

[32] 李杰文. 新篮球规则的修订对 CBA 球队技战术的影响研究 [D]. 呼和浩特：内蒙古师范大学，2019.

后　记

在普通高中课程改革的宏观背景下，作为辽宁省示范高中，沈阳市第三十一中学按照省市区各级政府及教育部门的整体部署，坚持"内涵发展、特色育人"，创建和谐校园，打造精品学校。学校大力弘扬"和谐、奋进"的校风，"严谨、求实、创新"的教风和"惜时、勤奋、求是"的学风，将"团结合作、拼搏自律、激情向上"的篮球精神与"启明致远、笃行知爱、品志夺魁"的校园文化有机结合，形成了独具特色的"篮球铸魂、课程助力、文化筑梦"的育人模式，帮助全体学生拥有健康体魄、健康心理。

学校始终致力于教育教学领域的创新探索，紧密结合实际情况，明确并发展自身独有的办学特色。组建于1980年的学校男子篮球队建队40余年来共参加过百余场国际、国内大型比赛，获得过两次亚洲冠军；曾经五次代表中国参加世界中学生男子篮球锦标赛，取得过第三名的好成绩，创造了中国中学生男子篮球史上的奇迹；2004年球队蝉联全国高中篮球联赛总冠军，获得世界著名篮球运动员乔丹现场颁奖的殊荣。数十年里球队不断经历新老交替，经历了无数的风雨洗礼，始终保持着在全国乃至国际篮球舞台上的竞争力。2021年，球队受辽宁省体育局委托由主教练王强老师带队参加中华人民共和国第十四届运动会三人制篮球比赛，成为唯一一支"学生军"代表队，他们面对职业球员毫不畏惧，克服种种困难，最终获得第四名的好成绩，为家乡争得了荣誉。其中，球员黄秋实和崔雍鑫荣获国家级健将称号，再次实现了球队的历史性新突破。2023年，辽宁省第十四届运动会U16男子篮球决赛中，该球队再为家乡沈阳获得一块金牌。

以篮球特色、传统优势为基础，学校努力发展学生核心素养，提升教师专业素养，完善管理体制，创新课程改革，丰富校园文化建设，促进学生全面发展。在以校园篮球文化为底色的特色构建过程中，学校尤为重视以"学生为本"的教育教学观念，借力篮球运动内涵的体育精神，帮助学生形成积极向上的心理状态，磨炼出坚强的意志品质，从而使学生具有顽强拼搏、勇于竞争、敢于求胜的精神品质，使他们以一种平和而积极的心态面对困难与挑战。在多年的积淀中，学校形成了独具风格的篮球特色文化，并以此来指引一代又一代的三十一中学子。

学校在深入研究篮球文化对学生成长影响的同时，也对教学体系建设和教育实践进行了多维度探索，其中涵盖了课程设置、课堂实施、校园活动、社团建设等多个方面。学校依据课程要求，确保学生至少有一学年的篮球学习时间，以提高全体学生的篮球技能水平，为他们打下坚实的体育基础；开发校本课程，编写贴近本校实际、具有针对性的篮球教学与训练教程，创造篮球特色课堂，帮助学生在循序渐进的学习过程中不断提升篮球技能。2007年开始，学校把每年的4月10日定为学校篮球节，至今已成功举办了17届，包括男篮5对5和女篮3对3的对抗赛、班级跑投篮接力赛、罚篮赛、三步上篮赛、篮球知识问答、篮球裁判员培训、啦啦操表演赛、篮球节征文等近十项活动，历时近一个月，学生全员参与，全项目比拼。在社团活动中，教师依据"培养兴趣、关注特长、循序渐进"的原则，对学生的体能、技能、智能进行科学训练，为学校篮球特色的可持续发展奠定了坚实基础。

随着校园篮球文化体系建设逐渐完备，我们既看到了学生的成长和改变，又看到了教师主动自发的学习和提升，更看到了学校蓬勃旺盛发展的生命力和创造力。学校以篮球特色为引领开发多元特色课程及实践，最大程度地满足了不同潜质学生的发展需求，实现了学生全面且有个性的发展，篮球、乒乓球、女声合唱等特色队伍百花齐放，足球、击剑等特色项目应运而生，办学成果和育人效能显著，极大地提升了师生获得感、成就感、幸福感，满足了区域百姓及家庭对优质教育资源的需求，并逐步推进和带动了区域的教育教学变革。

"凡益之道，与时偕行。"面对当下崭新的教育环境，学校将继续开拓新空间，以高度的责任意识和机遇意识，担起教育强校的责任，坚守初心、实中求新，不断开创学校发展的新局面，为辽宁省特色高中教育事业贡献一份力量。